Jornadas.port

Caderno de Atividades 7
Língua Portuguesa

Edição: Daisy Pereira Daniel
Conrad Pichler

APRESENTAÇÃO

Caro estudante,

Este caderno foi elaborado com a finalidade de ajudá-lo a organizar seu conhecimento. Ao resolver as atividades propostas, você terá a oportunidade de buscar informações, utilizar a própria experiência e conhecimento prévio sobre os assuntos tratados, desenvolver habilidades, elaborar opiniões sobre assuntos da atualidade, refletir sobre atitudes e comportamentos e ampliar a sua visão do mundo.

As atividades estão distribuídas em oito unidades, correspondendo às unidades do livro, para que possa retomar e ampliar os tópicos estudados. Em cada unidade, você encontrará as seguintes seções: Reveja a jornada, Outro olhar e Leitura do mundo.

- Em **Reveja a jornada**, você irá aplicar os conceitos gramaticais trabalhados e organizá-los no quadro Para lembrar.

- A seção **Outro olhar** propõe sempre uma leitura complementar (verbal ou não verbal) ligada a algum tema ou gênero trabalhado na unidade do livro. As atividades visam trabalhar aspectos que não foram abordados no livro ou que são tratados sob outro aspecto.

- Na seção **Leitura do mundo**, você será incentivado a refletir e se posicionar em relação a assuntos da atualidade e que envolvem temas como Consumo e Educação financeira, Ética, Direitos humanos e Cidadania, Sustentabilidade, Culturas africanas e indígenas e Tecnologias digitais. Ao final das atividades, há quase sempre um produto final: pesquisa, entrevista, coleta de dados para chegar a uma conclusão, um *post* nas redes sociais, uma crítica sobre um filme ou livro etc.

Esperamos que sua jornada por este caderno seja bastante produtiva e o auxilie a desenvolver a autonomia nos estudos.

As autoras

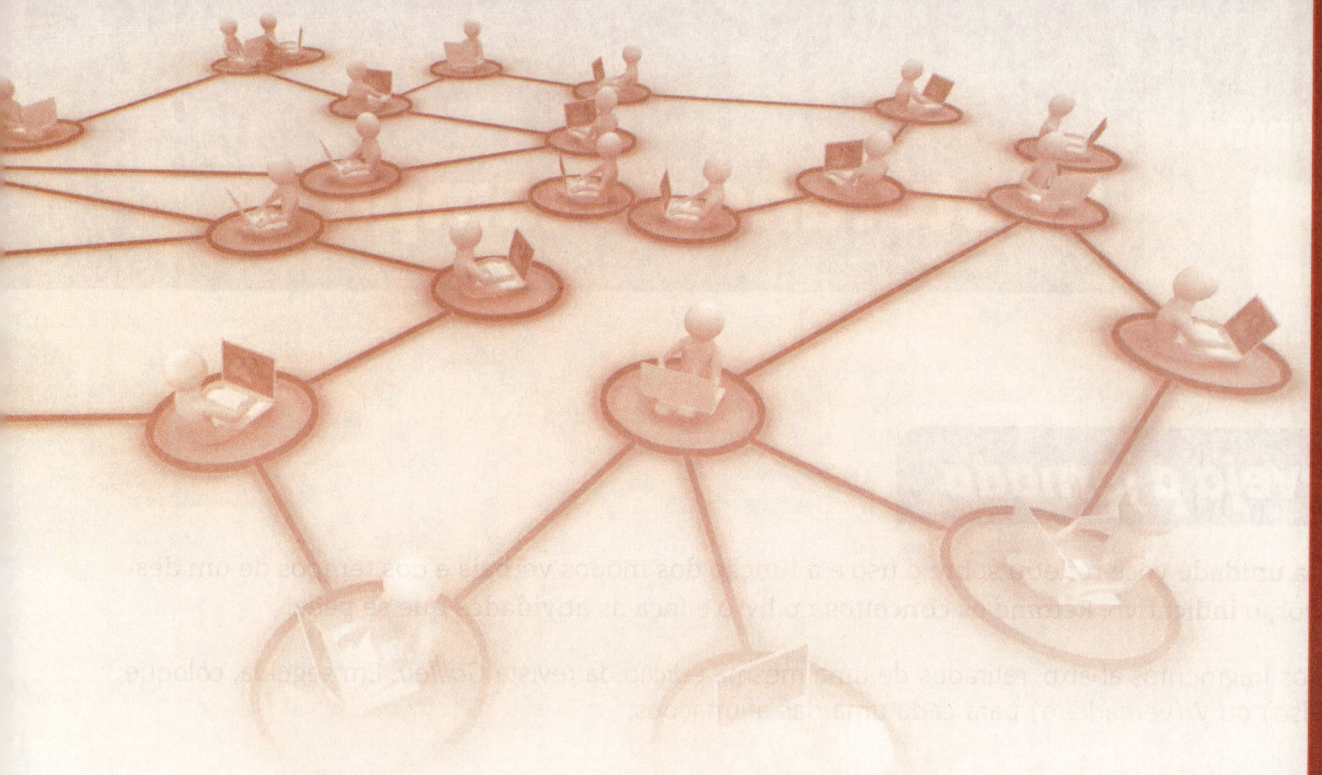

SUMÁRIO

1 Capturando o tempo
Reveja a jornada, **4**
Para lembrar, **8**
Outro olhar, **9**
Leitura do mundo, **10**

2 Fazer e acontecer
Reveja a jornada, **13**
Para lembrar, **18**
Outro olhar, **19**
Leitura do mundo, **20**

3 O começo foi assim...
Reveja a jornada, **22**
Para lembrar, **27**
Outro olhar, **28**
Leitura do mundo, **30**

4 Em verso e prosa
Reveja a jornada, **32**
Para lembrar, **37**
Outro olhar, **38**
Leitura do mundo, **40**

5 O fato em foco
Reveja a jornada, **42**
Para lembrar, **47**
Outro olhar, **48**
Leitura do mundo, **50**

6 Outras terras, outras gentes
Reveja a jornada, **53**
Para lembrar, **57**
Outro olhar, **58**
Leitura do mundo, **59**

7 De olho no cotidiano
Reveja a jornada, **63**
Para lembrar, **68**
Outro olhar, **69**
Leitura do mundo, **70**

8 Propaganda: informação e sedução
Reveja a jornada, **72**
Para lembrar, **75**
Outro olhar, **76**
Leitura do mundo, **78**

UNIDADE 1
Capturando o tempo

Reveja a jornada

Nesta unidade você refletiu sobre o uso e a função dos modos verbais e dos tempos de um desses modos, o indicativo. Retome os conceitos no livro e faça as atividades que se pede.

1. Leia os fragmentos abaixo, retirados de uma mesma edição da revista *Galileu*. Em seguida, coloque F (falso) ou V (verdadeiro) para cada uma das afirmações.

I.

> **Conheça o game "Lampião Verde: A Maldição da Botija"**
>
> *Jogo paraibano promove a rica cultura popular nordestina*

II.

> **20 relatos da hashtag #meuamigosecreto que precisam ser lidos**
>
> **Trata-se** de uma compilação de relatos e denúncias de situações de machismo que as mulheres **vivem** no dia a dia. As mensagens **falam** desde aquele amigo que parece ser bacana, mas **faz** comentários babacas em relação às colegas de trabalho, até agressões verbais e físicas. [...] Que a discussão não **pare** por aqui.
>
> Disponível em: <http://revistagalileu.globo.com/blogs/buzz/noticia/2015/11/20-relatos-da-hashtag-meuamigosecreto-que-precisam-ser-lidos.html>. Acesso em: 21 dez. 2015.

a) (   ) No fragmento I, aparece uma forma verbal no presente do indicativo para indicar uma dúvida.

b) (   ) No fragmento I, a forma verbal "conheça" indica um convite, por isso foi utilizada no imperativo.

c) (   ) No fragmento II, aparecem cinco formas verbais no indicativo, o que demonstra que o redator tem certeza do que afirma.

d) (   ) A última frase do fragmento I tem o verbo empregado no subjuntivo para expressar um desejo.

e) (   ) A última frase do fragmento II tem o verbo empregado no imperativo para expressar uma ordem.

2. Nas frases a seguir, o verbo está no presente do indicativo. Relacione cada uma com a ideia de tempo que exprimem.

a) Obrigada, aceito um sorvete.

b) À tarde, caminho durante uma hora.

c) A felicidade nos transforma em pessoas melhores.

( ) Trata-se da declaração de algo que se julga uma verdade.

( ) A ação é habitual, repete-se sempre.

( ) A ação ocorre no momento em que se fala.

3. Complete o quadro dos tempos pretéritos do modo indicativo.

Tempo do indicativo	O que indica	Exemplos de uso
_____	Ação iniciada e concluída no passado.	O cantor _____ o *show* sob vaias. (encerrar)
Pretérito imperfeito	• _____ _____ • Ação habitual no passado. • Fato que ocorria no momento em que acontecia outro fato.	• O artista ainda **pintava**, quando a vizinha entrou. • Naquela época _____ casas bem grandes. (construir) • A mãe **acarinhava** o garoto enquanto o pai _____. (resmungar)
Pretérito mais-que-perfeito	_____ _____ _____	O rapaz irritou-se quando descobriu que o colega o _____. (enganar)

4. Leia a seguir o trecho de uma narrativa. As formas verbais destacadas estão no imperfeito do indicativo.

> O garoto vinha caminhando pela estrada quando viu o velho na ponte que **separava** a floresta, onde **ia** buscar lenha, da aldeia onde **moravam** seus pais.
> A ponte **ficava** em cima de um rio, desses que são enormes no verão e quase desaparecem no inverno.
>
> LEMINSKY, Paulo. *Guerra dentro da gente*. São Paulo: Scipione, 1997.

a) Quais delas indicam fato habitual na vida do personagem? E quais exprimem fatos permanentes?

Fatos habituais	Fatos permanentes
_____	_____
_____	_____
_____	_____

b) Justifique suas respostas anteriores.

_____

_____

5. Leia este trecho de um conto para responder às questões apresentadas.

> Eu **estava** no terreiro brincando quando **escutei** os foguetes e a voz do homem falando no alto-falante, e então fui correndo pra rua gritando: o circo **chegou**! o circo **chegou**! Ele já **estava** na esquina e eu **trepei** no muro pra ver ele passar e então ele **veio** passando com a perua de alto-falante na frente de tudo, [...] e depois atrás de tudo o elefante cor de barro andando pesadão, balançando a cabeça, e eu **gritei**: ô elefantão! E **desci** do muro e **fui** pro meio da meninada andar atrás dele.
>
> VILELA, Luiz. *Contos da infância e da adolescência*. São Paulo: Ática, 2003.

a) Separe as formas verbais destacadas conforme pertençam ao **perfeito** ou ao **imperfeito** do indicativo. Quais delas exprimem ações terminadas e quais exprimem ações que duram, que continuam acontecendo na cena dentro do tempo no passado?

Pretérito imperfeito (ação contínua, que dura)	Pretérito perfeito (ações terminadas)
_____	_____

b) Selecione a afirmação que melhor responde à pergunta a seguir.

Considerando o tipo e o gênero do texto (narração-descrição em um conto), reflita: por que foram empregadas mais as formas verbais de um tempo do que de outro?

( ) Por relatar as aventuras de um garoto muito ativo, as ações se repetem constantemente, criando um efeito de movimento e de continuidade de comportamentos.

( ) Por relatar a chegada e o desfile de um circo pela cidade, há ações ininterruptas, que passam rapidamente diante dos olhos do narrador, exprimindo ações que se iniciam e terminam rapidamente.

6. Leia o trecho abaixo.

Os Guguinhas da aldeia Tenondé Porá

Muito futebol e um pouco de vôlei eram os esportes praticados na aldeia Tenondé Porá, em Parelheiros, São Paulo, até que os índios foram introduzidos ao tênis, que conheciam superficialmente, apenas de ver Gustavo Kuerten na tevê. Jorge Nascimento, um professor de tênis, [...] resolveu *apresentar o esporte aos índios de etnia guarani*. **Os adultos ainda preferem o futebol**, como explica o índio Marcílio (KaraiTataendy, em guarani) que *cuida da aldeia* na ausência do cacique e se intitula diretor de esportes. **Os moleques estão gostando**. Afirma que eles também **aprendem** a fazer artesanato e **ouvem** histórias no centro cultural da aldeia. [...] Bolinhas de tênis já foram distribuídas cerca de 800, a maioria para crianças que mal sabem andar. Luciano (Kuaray), de 9 anos, que Jorge apelidou Guguinha, nunca tinha visto tênis, mas também gostou.

Disponível em: <http://esportes.estadao.com.br/noticias/tenis,os-guguinhas-da-aldeia-tenonde-pora,20041031p56462>. Acesso em: 24 fev. 2016.

a) Observe o modo e os tempos verbais empregados no fragmento. Em seguida, coloque F (falso) ou V (verdadeiro) para cada uma das afirmações.

( ) Os verbos das frases destacadas em negrito foram empregados no modo indicativo.

( ) No trecho lido, aparecem verbos empregados em diferentes tempos verbais.

( ) Na primeira e nas duas últimas orações destacadas, o autor do texto narra fatos passados, que tinham acontecido antes de sua visita à aldeia.

( ) As frases que apresentam citações das palavras do professor de tênis estão empregadas no pretérito perfeito, pois se referem a fatos que estão acontecendo (habitualmente) na aldeia no momento em que ele fala com o jornalista.

( ) Se o autor da segunda frase destacada não estivesse certo de que os fatos realmente tivessem acontecido, poderia ter se expressado assim: *Os adultos talvez ainda prefiram o futebol*.

b) Releia: "... eles também **aprendem** a fazer artesanato e **ouvem** histórias no centro cultural da aldeia".

I. Em que tempo estão esses verbos? Por que foi escolhido esse tempo verbal?

_____

II. Se o diretor de esportes quisesse aconselhar as crianças a realizarem essas atividades, como deveria se dirigir aos garotos, usando o imperativo?

_____

III. De que outra forma poderia dar esses conselhos?

_____
_____

Volte ao livro e relembre as três formas nominais dos verbos da língua portuguesa para responder às questões seguintes.

🛈 Para lembrar

- Preencha, a seguir, as definições e os exemplos que faltam no quadro conceitual.

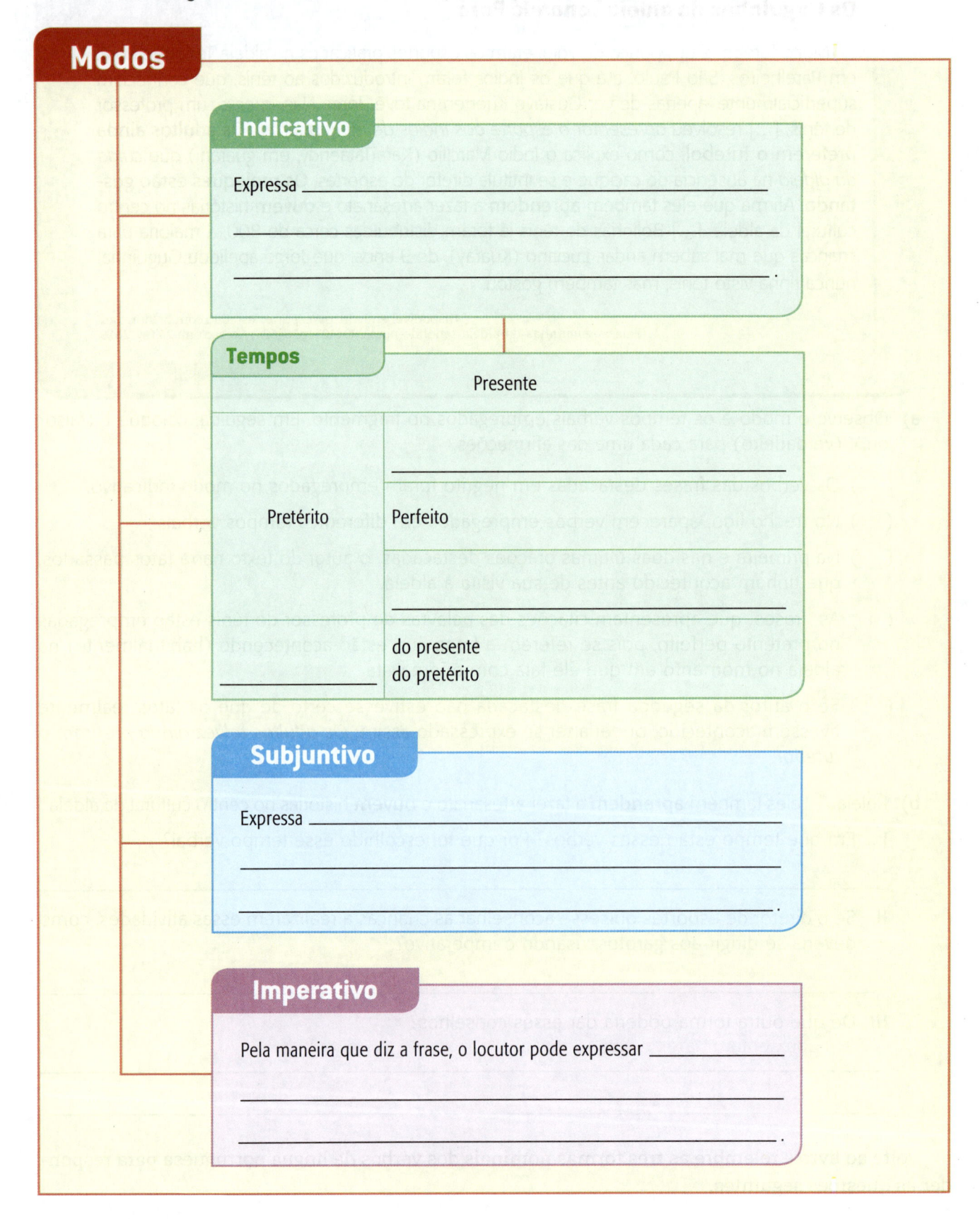

Modos

Indicativo

Expressa _____
_____
_____

Tempos

Presente
_____

Pretérito | Perfeito
_____
_____

_____ | do presente
do pretérito

Subjuntivo

Expressa _____
_____
_____ .

Imperativo

Pela maneira que diz a frase, o locutor pode expressar _____
_____
_____ .

Outro olhar

Nesta unidade, em que trabalhamos o gênero memórias literárias, colocamos na seção **Do texto para o cotidiano** uma sugestão de visita ao *site* do Museu da Pessoa. Vamos conhecer um pouco da história e dos objetivos de um museu tão singular.

Quem somos

O Museu da Pessoa é um museu virtual e colaborativo fundado em São Paulo no ano de 1991. Desde sua origem, tem como objetivo registrar, preservar e transformar em informação histórias de vida de toda e qualquer pessoa da sociedade. Nosso acervo conta atualmente com mais de 16 mil depoimentos em áudio, vídeo e texto e cerca de 72 mil fotos e documentos digitalizados. [...]

O Museu da Pessoa acredita que valorizar a diversidade cultural e a história de cada pessoa como patrimônio da humanidade é contribuir para a construção de uma cultura de paz. Nossa principal missão é a de ser um Museu aberto e colaborativo que transforme as histórias de vida de toda e qualquer pessoa em fonte de conhecimento, compreensão e conexão entre pessoas e povos.

Trata-se de um legado diferenciado da história do país, que prioriza a transformação cultural, social e implica em construir uma massa crítica suficientemente grande para garantir a sustentabilidade da ideia e de sua ampliação em inúmeros segmentos e espaços sociais. [...]

O Museu da Pessoa recebe semanalmente em sua sede pessoas interessadas em gravar um depoimento contando a sua história de vida. As histórias podem ser registradas em estúdio – gravadas em vídeo e coletadas por entrevistadores especializados na metodologia de história de vida –, gravadas pelo estúdio itinerante Museu que Anda, por meio da Conte a Sua História, do portal do Museu da Pessoa e através de projetos temáticos. [...]

Disponível em: <http://www.museudapessoa.net/pt/entenda/o-museu-da-pessoa>.
Acesso em: 22 dez. 2015.

1. De acordo com o que leu: O que é o Museu da Pessoa?

_____

2. Quais os principais objetivos de um museu como esse? Responda colocando F (falso) ou V (verdadeiro) em cada afirmação.

( ) Demonstrar que todos têm uma história para contar e que isso é importante para a construção da memória social e cultural de um povo ou nação.

( ) Registrar e preservar histórias de vida de toda e qualquer pessoa que demonstre interesse em apresentar relatos e vivências.

( ) Valorizar relatos de pessoas famosas que contribuíram para o desenvolvimento de uma sociedade mais justa.

3. Você considera importante a existência de um museu como esse? Por quê?

_____

Leitura do mundo

Você viu na seção anterior que, por meio do portal, é possível enviar histórias para o acervo do Museu da Pessoa. E que, além de texto, é possível incluir imagens e vídeos para enriquecer a narrativa. Assim a história fica preservada no acervo, podendo ser compartilhada e pesquisada.

Leia a seguir um trecho de uma das histórias de vida registradas no Museu da Pessoa, a de um filho de um indígena contador de histórias, que herdou do pai o dom de contar histórias e lendas próprias de sua cultura.

O saterê escritor

Eu sou, antes de tudo, Yaguarê Yamã, que na língua portuguesa significa Tribo de Onças Pequenas, Núcleo de Onças Pequenas, e isso é na língua Maraguá. [...]

Eu faço palestras e o que eu mais gosto de contar é o meu tempo de vivência quando era criança. Por exemplo, eu sou desenhista, mas ninguém imagina, fora da minha aldeia, como eu aprendi a desenhar! Eu aprendi a desenhar com espinha de peixe, brincando no terreiro da aldeia; e pegava as espinhas de peixe, aquelas bem fininhas e ia para o terreiro da aldeia, naquela areia e começava a desenhar! Dessa maneira, imitando animais, árvores, peixes, gente, aí eu comecei a gostar de desenhar, e hoje eu acho que desenho até bem, por isso eu sou um autodidata.

Yaguarê Yamã.

[...] Quando eu dou palestra para as crianças, elas ficam muito interessadas nessas coisas e pedem: "Quando que você vai escrever um livro que fale sobre a tua infância?". E a minha infância foi cheia de aventuras. Por exemplo, o que mais a gente fazia era ir para o mato, para a floresta e fazer nossas aventuras mirins, aventuras de pequenos. [...] E a gente saía, um monte de curuminzinho, de meninozinhos andando no mato, entrava na floresta e ia fazendo aventuras, imaginando animais fantásticos, procurando o Reino da Cobra Grande, essas coisas a gente fazia.

O último da fila geralmente era o menor, aí a gente chamava de xerimbaba, aquele coitadinho da fila, não podia falar nada, ficava só ouvindo os outros falarem; e o líder era o primeiro. E uma vez esse aí, o último, estava brincando e mexeu com um filhote de porco do mato, o katitu, e eles são em vários. E quando um gritou, os outros vieram socorrer e socorreram e correram atrás da gente, e nossa! a gente não estava realmente preparado para essas coisas e começávamos a correr. E nesse momento, olha só, o último querendo passar pelo primeiro e puxando o primeiro para trás seria um grande perigo; aliás, foi um grande perigo. Seria uma coisa ruim se acontecesse alguma coisa pior, mas graças a Deus não aconteceu, logo a gente encontrou um lago e pulou no lago e os porcos ficaram do lado da beira só vendo. Eram aventuras assim, coisas que a gente sempre ultrapassa do limite, mas graças a Deus estava tudo certo. A gente aprende essas coisas, brincando que a gente aprende essas coisas lá na floresta.

Disponível em: <http://www.museudapessoa.net/pt/conteudo/historia/o-satere-escritor-44605>. Acesso em: 22 dez. 2015.

Que tal agora organizarmos um pequeno Museu da Pessoa em sua turma? Para isso, cada aluno vai fazer um relato de um episódio de sua vida que considere de interesse para outras pessoas, transformando-o em texto de memórias.

Vamos nos basear nas instruções que o próprio Museu da Pessoa oferece aos interessados em enviar suas histórias de vida pelo portal. Leia as orientações abaixo.

Como contar uma história

- Uma boa história é bem diferente de um bom relatório. História bem contada tem clima, tensão, ritmo, revelações. Tente não contar o fato de um jeito linear, previsível e sem emoção.

- Antes de contar a história, confirme se ela tem começo, meio e fim. Geralmente, o começo introduz o assunto; o meio desenvolve a história; e o final apresenta alguma conclusão.

- Perguntas descritivas e de movimento ajudam a contar uma história, por exemplo: Como era tal lugar? O que você fez depois que saiu de casa?

[...]

Disponível em: <http://www.museudapessoa.net/pt/conte-sua-historia>.
Acesso em: 22 dez. 2015.

Você pode fazer um desenho ou colocar uma foto para ilustrar sua história. Pode também publicá-la no Facebook e compartilhá-la com seus amigos. Nesse caso, peça-lhes que postem comentários sobre o que leram.

Escreva o rascunho de sua história aqui. Quando pronta, proponha a um colega que a leia e comente.

Peça a seu colega que escreva no espaço a seguir um comentário sobre seu texto.

UNIDADE 2

Fazer e acontecer

Reveja a jornada

Nesta unidade, você aprofundou o estudo do subjuntivo e do imperativo e refletiu sobre a função textual desses modos em gêneros que envolvem recomendação e instrução. Retome os conceitos, no livro, e realize as atividades a seguir.

1. Leia o trecho inicial de uma canção.

O mundo seria melhor

O mundo seria melhor, se as pessoas se amassem mutuamente
Sem distinção de raça, partido político, religião ou cor
O mundo seria melhor, se houvesse o perdão verdadeiro entre
Os homens e as mulheres, jovens, adultos e velhos
[...]

Borges da Viola. *O mundo seria melhor*. Disponível em: <https://letras.mus.br/borges-da-viola/o-mundo-seria-melhor/>. Acesso em: 23 dez. 2015.

- Releia.

> O mundo **seria** melhor, se as pessoas se **amassem** mutuamente
> O mundo **seria** melhor, se **houvesse** o perdão verdadeiro

Marque F (falso) e V (verdadeiro).

( ) As formas verbais destacadas estão no modo subjuntivo.

( ) As formas verbais estão no modo imperativo.

( ) A forma verbal em "O mundo seria melhor" está no futuro do pretérito do indicativo.

( ) As formas verbais da segunda parte das frases estão no pretérito do subjuntivo.

( ) Nesse trecho da canção, as formas verbais indicam algo incerto que depende de uma condição.

( ) Nesse trecho da canção, as formas verbais indicam um conselho ou recomendação.

( ) Nesse trecho da canção, as formas verbais expressam o desejo de que algo se realize.

2. Em matérias jornalísticas sobre pesquisas científicas, o modo subjuntivo é frequentemente usado. Veja.

É bem provável que não exista vida inteligente ao nosso redor

[...] Um estudo recém-publicado afirma o que muita gente custa a acreditar: **é bem provável que nós estejamos sozinhos**. Tudo indica que, pelo menos nas galáxias perto de nós, não há nenhuma civilização inteligente – para os que querem acreditar, a boa notícia é que talvez exista uma civilização tão inteligente que nós não conseguimos sequer detectá-la.

[...] O estudo de Garrett faz uma ressalva, porém: pode ser que em algum lugar da vastidão do universo exista uma civilização [...].

Revista *Galileu*. Disponível em: <http://revistagalileu.globo.com/Ciencia/Espaco/noticia/2015/09/e-bem-provavel-que-nao-exista-vida-inteligente-ao-nosso-redor.html>. Acesso em: 23 dez. 2015.

a) Localize as ocorrências de formas verbais no modo subjuntivo. Escreva o trecho em que aparecem e circule-as.

_____
_____
_____
_____

b) Essas formas verbais, nesse contexto, expressam:

( ) certeza.

( ) incerteza.

( ) dúvida.

( ) desejo de que algo se realize.

c) No trecho, ao lado dessas formas verbais, são usadas palavras e expressões que reafirmam o que o modo subjuntivo pode expressar. Assinale quais são elas.

( ) muita gente custa a acreditar

( ) é bem provável que

( ) para os que querem acreditar

( ) talvez

( ) pode ser que

3. Leia este adesivo criado para ser afixado no vidro de veículos.

Disponível em: <http://www.cafepoint.com.br/blogs/consumo-paulo-henrique-leme/se-beber-nao-dirija-se-dirigir-beba-cafe-61303n.aspx>.

No texto do adesivo, foram usadas duas formas verbais no imperativo. Qual delas expressa recomendação, conselho, e qual delas expressa sugestão?

_____

4. Leia a tira e responda ao que se pede.

Pôr do sol. Mauricio Nunes. Disponível em: <http://tempreguicanao.blogspot.co.at/2012/05/tiras-de-mauricio-nunes-por-do-sol.html>. Acesso em: 24 fev. 2016.

a) Identifique e escreva a oração em que foi empregado o imperativo e circule a forma verbal.

_____

b) Identifique e escreva a oração em que foi empregado o modo subjuntivo e circule a forma verbal.

_____

5. Leia este trecho de uma matéria jornalística.

> Cada vez mais fácil e prática, a compra *on-line* é empolgante: você escolhe o que quer, compara preços, clica e espera o produto chegar em casa. Mas fique ligado: é preciso tomar alguns cuidados antes de se jogar no paraíso do consumo virtual.
>
> Disponível em: <http://super.abril.com.br/tecnologia/como-comprar-pela-net>. Acesso em: 23 dez. 2015.

a) Localize a forma verbal no imperativo.
___

b) Com o uso dessa forma no imperativo, o autor do texto estabelece uma interação comunicativa com o leitor:

( ) de forma direta, com o uso do pronome **você**.

( ) de forma indireta, pois se dirige a qualquer leitor em geral.

6. Reescreva os provérbios, empregando o imperativo dos verbos entre parênteses.

a) (Fazer) o bem sem olhar a quem.
___

b) Não (cutucar) a onça com vara curta.
___

c) Não (dar) o passo maior do que a perna.
___

- Agora responda. O uso do imperativo nesses provérbios expressa:

( ) ordem   ( ) proibição   ( ) conselho

7. Leia esta charge.

- Se eu derrubar aqueles gigantes, as pessoas vão me chamar de louco, Sancho?
- Não, vão te chamar de burro mesmo...

Alves. *Hora do Café*. Disponível em: <http://www1.folha.uol.com.br/ilustrada/cartum/cartunsdiarios/#23/5/2013>. Acesso em: 24 fev. 2016.

a) Localize a frase em que foi empregada uma forma verbal no modo subjuntivo.
___

b) A forma verbal está no presente, pretérito ou futuro do subjuntivo? Que ideia ela expressa?
___

8. Leia esta piada e circule o trecho que apresenta uma oração com a forma verbal no modo subjuntivo.

Joãozinho jogando futebol

Joãozinho explica um lance do jogo de futebol para um amigo:

— Você tinha que ver, Carlos! Na hora de cobrar o pênalti, o goleiro ficou fazendo guerra de nervos comigo. Ele dizia: "Se chutar na direita, eu pego; se chutar na esquerda, eu pego; se chutar no meio, eu pego!".

E Carlos pergunta:

— E aí o que você fez?
— Chutei pra fora e enganei ele.

Disponível em: <http://www.n2w.com.br/piadas/?link=piadas&sc1=piadas+de+jo%E3ozinho&pg=6624&titulo=Joaozinho+Jogando+Futebol>. Acesso em: 23 dez. 2015.

9. Leia este trecho, publicado em uma revista digital, e observe as formas verbais destacadas no último período.

Pantanal

Estima-se que 10 milhões de jacarés vivam hoje no Pantanal, e com certeza um deles vai passar bem pertinho de você. Nesse zoológico a céu aberto, tuiuiús e periquitos voarão sobre a sua cabeça, enquanto antas, capivaras e catetos cruzam o seu caminho. Quem gosta de **observar** bichos em seu próprio hábitat não pode deixar de **programar** uma viagem à maior planície alagável do mundo. [...]

Disponível em: <http://viajeaqui.abril.com.br/sugestoes/natureza/va_sugestoes_428875.shtml>. Acesso em: 9 nov. 2010.

- Reescreva o último período em que as formas verbais destacadas aparecem, empregando-as no modo imperativo de forma a fazer duas recomendações ao turista.

_____
_____
_____
_____

⚠ PARA LEMBRAR

- Preencha, a seguir, as definições que faltam no quadro conceitual sobre os modos subjuntivo e imperativo.

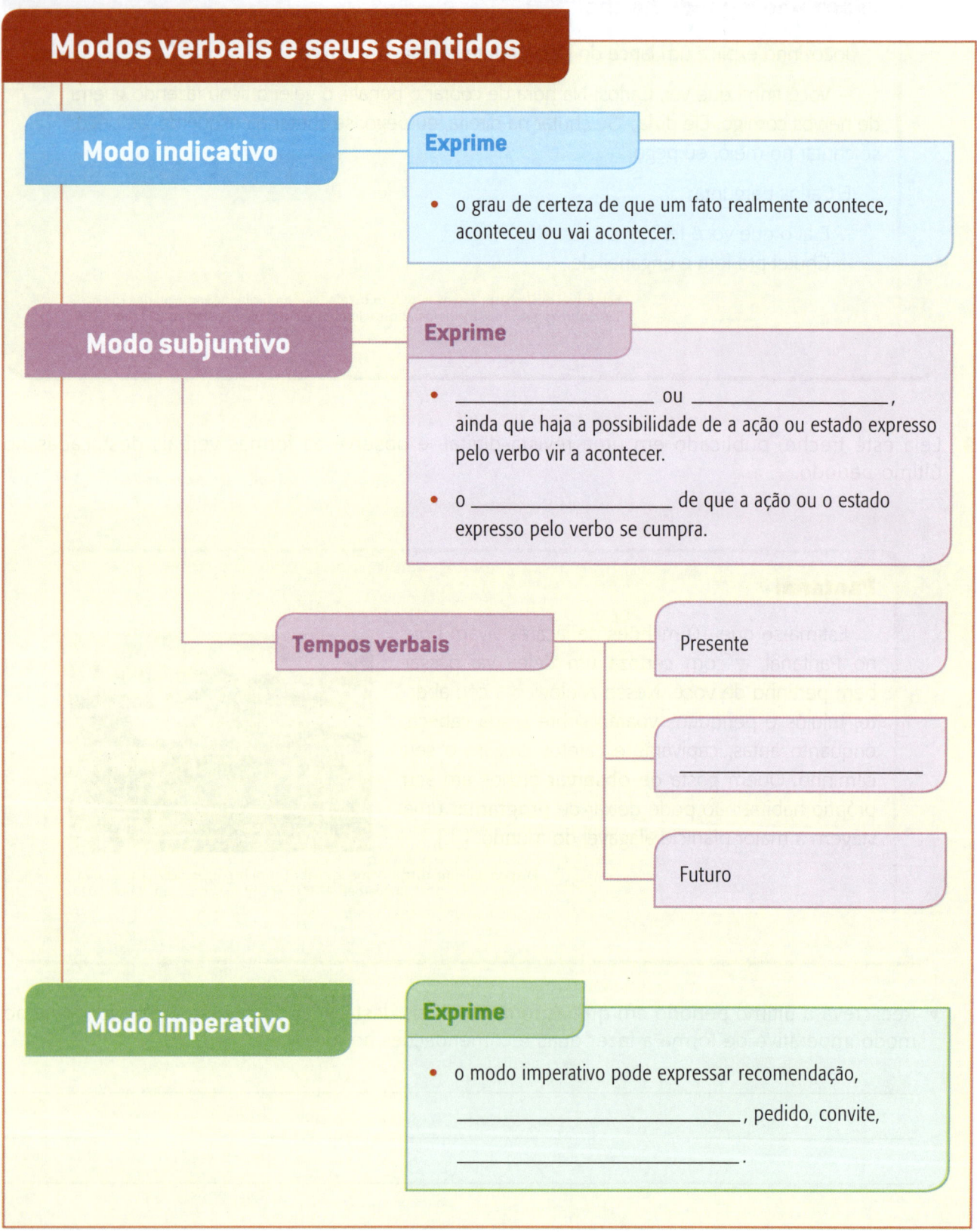

Modos verbais e seus sentidos

Modo indicativo — Exprime
- o grau de certeza de que um fato realmente acontece, aconteceu ou vai acontecer.

Modo subjuntivo — Exprime
- _____ ou _____, ainda que haja a possibilidade de a ação ou estado expresso pelo verbo vir a acontecer.
- o _____ de que a ação ou o estado expresso pelo verbo se cumpra.

Tempos verbais
- Presente
- _____
- Futuro

Modo imperativo — Exprime
- o modo imperativo pode expressar recomendação, _____, pedido, convite, _____.

Outro olhar

Na seção Como o texto se organiza, estudamos que, em textos de recomendações, de instruções, de normas ou de regras, aparecem comandos, frases que exprimem ações a serem seguidas para se atingir determinado objetivo.

Leia as informações deste cartaz de uma campanha governamental para descarte de óleo usado.

Disponível em: <http://www.ambiente.sp.gov.br/blog/2013/06/14/campanha-para-coleta-de-oleo-de-cozinha-e-destque-nos-parques-neste-fim-de-semana/>. Acesso em: 8 jan. 2016.

1. Quem é o público-alvo do cartaz?
   _____

2. As imagens do cartaz são apresentadas em sequência. Essa sequência poderia ser alterada? Explique.
   _____
   _____
   _____
   _____

3. Além das ilustrações, o cartaz apresenta quais outros elementos?
   _____
   _____

4. Quais são os principais recursos linguísticos e gráficos empregados para a composição do cartaz?
   _____
   _____
   _____

Leitura do mundo

Cartazes e pôsteres que envolvem recomendações são um instrumento muito frequente na divulgação de campanhas que retratam temas de importância para a cidadania, como na área da saúde, da mobilidade urbana, da segurança, do meio ambiente etc. Embora existam redes sociais e plataformas digitais que façam esse trabalho com mais velocidade e alcance, as mídias tradicionais como os *outdoors*, painéis e cartazes são consideradas também eficientes para informar e recomendar ações, atitudes e comportamentos. Todas elas permitem rápida comunicação com o leitor.

Que tal fazer uma campanha para reciclagem de materiais? Siga as instruções e crie um cartaz promovendo a reciclagem.

Qual é o material mais consumido em sua casa ou escola, cujos resíduos necessitam de reciclagem?

1. Veja a lista de materiais que podem ser reciclados publicada em um jornal digital.

PLÁSTICO	ALUMÍNIO	VIDRO	PAPEL E PAPELÃO
• garrafas • copos • embalagens de produtos de limpeza • potes de cremes • xampus • brinquedos • sacos, sacolas • isopor	• latinhas de cerveja e refrigerante	• frascos • garrafas • vidros de conserva	• jornais, revistas, impressos em geral • embalagens longa-vida

Dicas de como separar o lixo para a coleta
- **Plásticos:** lave-os bem para que não fiquem restos do produto, principalmente no caso de detergentes e xampus, que podem dificultar a triagem e o aproveitamento do material.
- **Vidros:** lave-os bem e retire as tampas.
- **Metais:** latinhas de refrigerantes, cervejas e enlatados devem ser amassados ou prensados para facilitar o armazenamento.
- **Papéis:** podem ser guardados diretamente em sacos plásticos.

Disponível em: <http://g1.globo.com/jornal-hoje/noticia/2010/10/conheca-os-materiais-que-podem-ser-reciclados-e-saiba-como-separa-los.html>. Acesso em: 28 dez. 2015.

2. Escolha um desses materiais e, com base no cartaz da página anterior e nas dicas apresentadas no jornal digital, crie um cartaz de divulgação para a reciclagem desse material. Depois de pronto, você pode afixá-lo em sua escola ou em sua própria casa para informar seus colegas ou familiares.

Siga estas orientações.
- Depois de escolher o material, procure se certificar dos passos necessários para o descarte.
- Escreva os comandos e numere-os na sequência adequada. Use frases curtas com o verbo no imperativo.
- Faça desenhos, selecione fotos ou crie colagens para compô-lo.
- Escolha um formato de letra legível e claro.
- Use cores harmosiosas, evitando as muito escuras que possam dificultar a leitura.

Faça um rascunho do seu cartaz aqui.

UNIDADE 3
O começo foi assim...

Reveja a jornada

Nesta unidade, refletimos sobre a organização e a estrutura das frases e analisamos o sentido das relações estabelecidas no emprego de preposições e conjunções.

1. Retome o conceito no livro e faça as atividades propostas.

   a) Leia a lenda a seguir e complete os espaços em branco com preposições.

   ### Lenda da mandioca

   Mani era uma linda indiazinha, neta de um grande cacique _____ uma tribo antiga. _____ que nasceu andava e falava. De repente morreu _____ ficar doente e sem sofrer. A indiazinha foi enterrada dentro da própria oca onde sempre morou e como era a tradição do seu povo. Todos os dias os índios da aldeia iam visitá-la e choravam _____ sua sepultura, até que nela surgiu uma planta desconhecida, então os índios resolveram cavar _____ ver que planta era aquela, tiraram-na da terra e ao examinar sua raiz viram que era marrom por fora, e branquinha por dentro. _____ cozinharem e provarem a raiz entenderam que se tratava de um presente do Deus Tupã. A raiz _____ Mani veio _____ saciar a fome da tribo. Os índios deram o nome da raiz de Mani e como nasceu dentro de uma oca ficou Manioca, que hoje conhecemos como mandioca.

   Disponível em: <http://www.sohistoria.com.br/lendasemitos/mandioca/>.
   Acesso em: 28 dez. 2015.

   b) As preposições que você utilizou na atividade anterior estabelecem diferentes relações entre os termos que ligam. Procure, no texto, exemplos de preposições que expressem as relações listadas a seguir.

   Lugar: _____

Posse: _____

Finalidade: _____

Tempo: _____

Ausência: _____

c) As preposições podem unir-se a outras palavras, formando combinações ou contrações. Procure no texto anterior dois exemplos de preposições que venham unidas a artigos.
_____

2. Complete os provérbios abaixo conforme a orientação entre parênteses.

a) O sucesso leva _____ sucesso. (preposição **a** + artigo **o**)

b) Vento bom, água _____ vela. (preposição **em** + artigo **a**)

c) A corda arrebenta sempre _____ lado mais fraco. (preposição **de** + artigo **o**)

d) Bezerro manso mama na mãe _____ e na dos outros. (preposição **de** + pronome **ele**)

e) Julga-se alguém _____ ações e não pela conta no banco. (preposição **por** + artigo **as**)

3. Retome a explicação sobre locução prepositiva, no livro, leia a manchete reproduzida e depois responda às questões.

> ### Após batida, carro para em cima de calçada na Deusdedit
>
> Disponível em: <http://www.tribunademinas.com.br/apos-batida-carro-para-em-cima-de-calcada-na-deusdedit/>. Acesso em: 29 dez. 2015.

a) Reescreva a manchete substituindo, sem prejudicar o sentido da frase, a preposição **após** por uma locução prepositiva.
_____

b) Agora procure, na manchete, uma locução prepositiva e substitua-a por uma preposição que conserve o sentido da frase.
_____

c) Que relações expressam as preposições e locuções que utilizou em suas respostas anteriores?
_____

d) A palavra **para** utilizada nessa manchete também é exemplo de preposição? Explique.
_____

4. Observe as informações fornecidas em cada item e utilize-as para compor frases. Para relacionar as palavras entre si, empregue uma preposição ou locução prepositiva conforme a relação indicada entre parênteses. Por exemplo:

> Palavras dadas: exercício – revisar (finalidade) ⇒ preposição **para**
> Frase ⇒ Utilizamos o exercício **para** revisar o conteúdo.

a) chorava – dor (causa)

b) presentes – caixa (lugar)

c) meu time – o seu (oposição)

d) entre – falar (ausência)

e) falar – sua vida (assunto)

5. Leia este provérbio.

> **Pra** quem não tem nada, poeira é roupa.

a) Na norma-padrão, qual seria a grafia da preposição destacada?

b) Qual a relação entre a grafia dessa preposição no provérbio e o fato de os provérbios serem um gênero de origem oral?

6. Retome, no livro, os conceitos de frase nominal, frase verbal e período para realizar as próximas atividades.

Laerte. *Classificados 10*. Disponível em: <http://verbeat.org/laerte/>. Acesso em: 24 fev. 2016.

a) Encontre um exemplo de frase verbal e um de frase nominal na tira anterior.

b) Encontre um período formado por mais de uma oração.

c) Preservando o sentido, proponha uma frase verbal que poderia substituir a frase nominal que encontrou anteriormente.

d) Qual das duas formas, a original ou a que você propôs como substituição, funciona melhor na situação presente na tira? Explique.

7. Leia o fragmento de uma matéria jornalística.

> **Entenda a briga entre os dois maiores caçadores de aurora boreal brasileiros**
>
> *O Brasil tem dois grandes caçadores de aurora boreal – e há anos eles protagonizam uma espécie de guerra fria particular, com direito a acusação de traição e brigas em público*
>
> Disponível em: <http://revistagalileu.globo.com/Revista/Reportagens/noticia/plantao.html>.
> Acesso em: 29 dez. 2015.

a) Quantos verbos ou locuções verbais aparecem no título?

b) Quantos verbos ou locuções verbais há no lide? E quantas orações?

c) Há nesse trecho conjunção ligando orações? Quais?

d) Releia esta oração e responda ao que se pede:

> ... eles protagonizam uma guerra fria particular, com direito a acusação de traição e brigas em público.

- Aparece também nesse fragmento a conjunção **e**. Aqui, essa conjunção também liga duas orações?

25

8. Nesta unidade vimos que a lenda, como outras formas de narrativa, se desenvolve por meio de fatos ou ações que dão origem a outros fatos ou ações. Vamos retomar essa característica lendo primeiramente a lenda reproduzida para, em seguida, completar os esquemas apresentados.

A porca dos sete leitões

Conta a lenda que uma Baronesa praticava muitas maldades contra seus escravos. Os escravos cansados de tanta crueldade resolveram tomar uma atitude. Um feiticeiro negro revoltado com suas injustiças lançou um feitiço na Baronesa: ela foi transformada em porca e seus sete filhos foram transformados em porquinhos. Segundo dizem, a sina deles é andar fuçando com o focinho no chão à procura de um anel enterrado; quando encontrarem esse anel, quebrarão o feitiço e voltarão a ser o que eram.

Disponível em: <http://www.sohistoria.com.br/lendasemitos/seteleitoes/>. Acesso em: 29 dez. 2015.

- Relembre antes de completar os próximos esquemas.

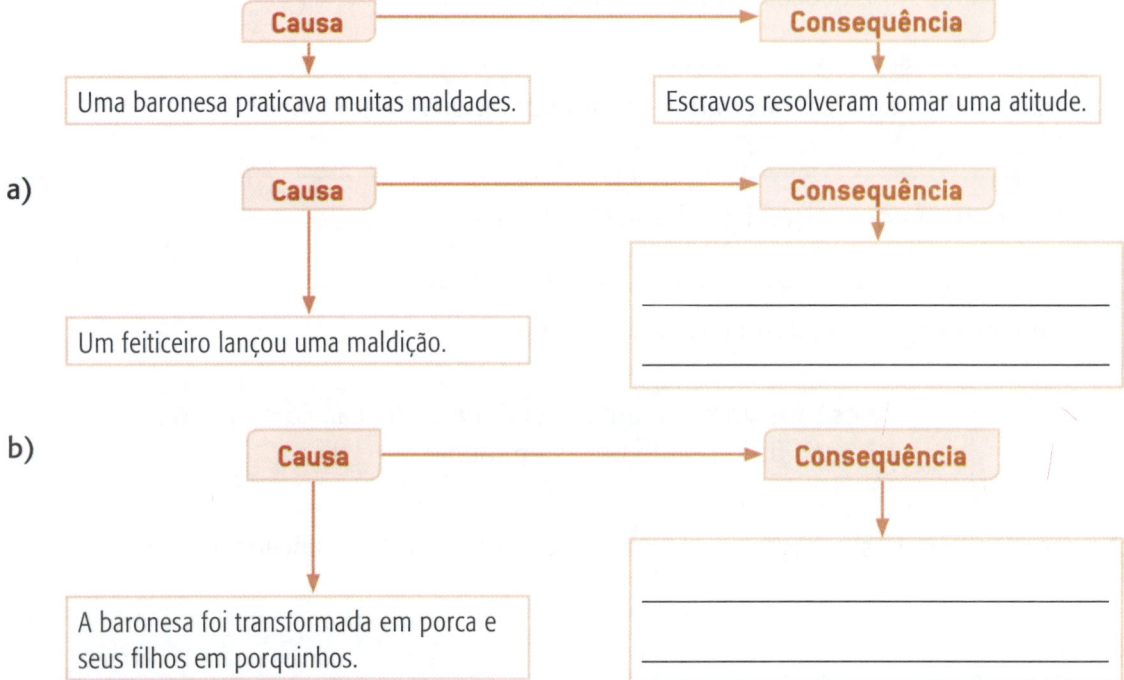

Causa → Consequência
Uma baronesa praticava muitas maldades. → Escravos resolveram tomar uma atitude.

a) Causa → Consequência
Um feiticeiro lançou uma maldição. → _____

b) Causa → Consequência
A baronesa foi transformada em porca e seus filhos em porquinhos. → _____

26

⊗ PARA LEMBRAR

- Preencha, a seguir, as definições e os exemplos que faltam no quadro conceitual sobre preposições e conjunções.

Preposições

- São palavras invariáveis que ligam _____, estabelecendo uma relação de sentido entre elas.

Exemplos

São preposições: _____
_____
_____.

Conjunções

- São palavras que ligam _____, estabelecendo uma relação de sentido entre elas. Podem também unir _____ _____ de mesma função na oração. Exemplos:

Fui _____ voltei no mesmo dia. (relação de adição)

Fui _____ voltei. (relação de oposição).

Exemplos

- São exemplos de conjunções: _____
_____.

Locução conjuntiva

- Quando duas ou mais palavras têm o valor de uma conjunção formam uma _____.

Exemplos

Exemplos: **para que**, **visto que**, **antes que**, **à medida que**, **tanto que**.

Outro olhar

Na seção *Depois da Leitura* você leu um texto expositivo que falava sobre a explicação científica para a origem dos astros. Sempre que lemos textos expositivos como esse, devemos ficar atentos às ideias principais para não nos perdemos entre os múltiplos detalhes que as apoiam. Por isso, nada melhor que um bom resumo para auxiliar a fixar o que achamos mais importante naquilo que lemos.

> Um resumo tem por objetivo apresentar com fidelidade ideias ou fatos essenciais apresentados em um texto. Sua elaboração envolve leitura atenta, análise detalhada das ideias do autor, distinção entre ideias principais e secundárias, e redação clara e objetiva do texto final.

Vamos treinar um pouco a habilidade de fazer resumos lendo um trecho de um texto expositivo, uma matéria publicada em uma revista de divulgação científica. Leia com atenção e, depois, siga as orientações.

A criação do mundo

Todos os livros sagrados têm uma resposta sobre a natureza e a origem do Universo. Por que isso é tão importante para as religiões?

No começo, era o nada. Então alguém resolveu contar a origem de tudo. E assim nasceu a tentativa do homem de explicar a origem do Universo. As civilizações mais antigas já tinham essa questão existencial. E as religiões, preocupadas em dar respostas a seus fiéis, não poderiam deixar de formular suas respostas. "Como surgiu tudo? Como é a origem do planeta, das coisas, do homem? Essas são as primeiras perguntas que o homem faz a si mesmo. Sejam indígenas, africanas, orientais, grandes ou pequenas, novas ou antigas, todas as religiões terão respostas para isso", diz o teólogo da PUC-SP, Rafael Rodrigues, especialista no Antigo Testamento, que começa com a narrativa do livro do Gênese.

Na falta de referências, os homens costumam usar como matéria-prima dos mitos o mundo real para responder essas perguntas transcendentais. Por isso, a cosmologia de cada grupo social é um reflexo da cultura e do momento histórico de quem a inventa. "Os mitos colocam o que é mais importante na cultura local com uma importância proporcional nos mitos de criação", diz Rodrigues. Logo o sol e a água, essenciais para a produção agrícola e a sobrevivência, sempre ocuparam lugar de destaque na mitologia das civilizações antigas. Muitas histórias sobre a origem do mundo começam contando como esses recursos foram criados ou controlados pelo homem. [...]

ARAÚJO, Tarso. *Superinteressante*. Disponível em: <http://super.abril.com.br/historia/a-criacao-do-mundo>. Acesso em: 8 jan. 2016.

1. Grife com caneta colorida as ideias que lhe parecerem mais importantes. Em seguida, experimente reler apenas os trechos grifados. Deu para entender o essencial do texto? Há ainda trechos que podem ser cortados ou devem ser acrescentados?

2. Vencida essa fase, vamos para a elaboração do texto escrito. Lembre-se: quando se trata de um texto narrativo, você deve recontar os diálogos das personagens de forma resumida, com suas próprias palavras. No texto expositivo, é a mesma coisa: você não deve repetir as citações, mas, sempre que considerá-las importantes, apresentá-las resumidamente.

3. Para orientar-se e orientar seu leitor, você pode iniciar seu resumo com uma frase do tipo: "No texto, o autor fala sobre...".

4. Releia sua primeira versão e veja se o texto está coerente, se as ideias estão bem relacionadas, se suas afirmações fazem sentido.

5. Faça as correções necessárias e mostre seu texto ao professor.

> Resumos são úteis tanto ao estudo como à memorização de textos escritos, porém é possível resumir também textos falados. Anotações de ideias significativas ouvidas durante uma aula ou uma palestra, por exemplo, podem transformar-se em um bom resumo de texto oral.

- Componha aqui seu resumo definitivo.

_____
_____
_____
_____
_____
_____
_____
_____
_____
_____
_____
_____
_____
_____
_____

Leitura do mundo

Na unidade 3, você leu textos que tentam explicar a origem do universo. Leia agora mais um texto que dialoga com muitos outros sobre esse assunto. Trata-se de uma lenda indígena nhengatu, da Amazônia.

No princípio, contam, havia só água, céu. Tudo era vazio, tudo noite grande. Um dia, contam, Tupana desceu de cima no meio de vento grande, quando já queria encostar na água saiu do fundo uma terra pequena, pisou nela. Nesse momento Sol apareceu no tronco do céu, Tupana olhou para ele. Quando Sol chegou no meio do céu seu calor rachou a pele de Tupana, a pele de Tupana começou logo a escorregar pelas pernas dele abaixo. Quando Sol ia desaparecer para o outro lado do céu a pele de Tupana caiu do corpo dele, estendeu-se por cima da água para já ficar terra grande. No outro Sol [no dia seguinte] já havia terra, ainda não havia gente. Quando Sol chegou no meio do céu Tupana pegou em uma mão cheia de terra, amassou-a bem, depois fez uma figura de gente, soprou-lhe no nariz, deixou no chão. Essa figura de gente começou a engatinhar, não comia, não chorava, rolava à toa pelo chão. Ela foi crescendo, ficou grande como Tupana, ainda não sabia falar. Tupana, ao vê-lo já grande, soprou fumaça dentro da boca dele, então começou já querendo falar. No outro dia Tupana soprou também na boca dele, então, contam, ele falou. Ele falou assim:

— Como tudo é bonito para mim! Aqui está água com que hei de esfriar minha sede. Ali está fogo do céu com que hei de aquecer meu corpo quando ele estiver frio. Eu hei de brincar com água, hei de correr por cima da terra; como o fogo do céu está no alto, hei de falar com ele aqui de baixo.

Tupana, contam, estava junto dele, ele não viu Tupana.

Disponível em: <www.ghtc.usp.br/Universo/cap01.html>. Acesso em: 24 fev. 2016.

1. Releia as duas frases iniciais da lenda:

> No princípio, contam, havia só água, céu. Tudo era vazio, tudo noite grande.

- Observe a estrutura das frases que iniciam essa lenda indígena recontada. O modo como se inicia a lenda dialoga com outro texto que tenta explicar de forma semelhante a origem do universo. Pesquise e responda.

_____

_____

_____

2. Há algo em comum entre essa lenda e os textos que você leu na unidade 3?

_____

_____

_____

_____

3. Podemos relacionar a frase "No princípio, contam, havia só água, céu." ao que estamos discutindo na unidade sobre a origem do homem e do universo. Selecione a afirmação que possa estar ligada a ela.

( ) Tupana então criou a humanidade em uma cerimônia elaborada, formando estátuas de argila do homem e da mulher com uma mistura de vários elementos da natureza.

( ) Cada sociedade, cultura ou civilização tem a sua própria maneira de explicar a origem da vida e do ser humano.

( ) Geralmente, as histórias de criação fazem parte do conjunto de mitos de um grupo social e acabam sendo aceitas como verdades por sociedades contemporâneas.

4. De que forma o conhecimento de diferentes interpretações sobre a origem do homem e do universo pode contribuir para a melhor convivência entre os seres humanos? Escreva dois parágrafos com suas considerações e exemplos.

_____

_____

_____

_____

_____

_____

_____

UNIDADE 4
Em verso e prosa

Reveja a jornada

1. A literatura de cordel faz uso de recursos expressivos que são comuns nos poemas, como metáforas, comparações e hipérboles. Retome os conceitos, no livro, e depois responda à questão proposta.

- Reconheça quais dessas figuras estão presentes em cada fragmento.

a)
> Eu nasci
> Há dez mil anos atrás
> E não tem nada nesse mundo
> Que eu não saiba demais. [...]
>
> SEIXAS, Raul. *Eu nasci há dez mil anos atrás*. Disponível em: <https://letras.mus.br/raul-seixas/48309/>. Acesso em: 24 fev. 2016.

b)
> Escuto o meu rio
> É uma cobra
> De água andando
> Por dentro de meu olho.
>
> BARROS, Manoel de. *Poesia completa*. São Paulo: Leya, 2010.

c)
> Minha dor é inútil
> Como uma gaiola, numa terra onde não há aves.
> E minha dor é silenciosa e triste
> Como a parte da praia onde meu mar não chega.
>
> PESSOA, Fernando. *Obra poética*. Rio de Janeiro: Aguilar, 1969.

Vimos nesta unidade que as variações que uma língua apresenta em razão das diferentes condições sociais, culturais, regionais e históricas vivenciadas por seus falantes são chamadas de **variedades linguísticas**.

2. Leia alguns verbetes de *Schifaizfavore*, um dicionário de português muito criativo escrito pelo cronista, jornalista e escritor Mário Prata.

> **Autoclismo** — Imagine que você está num banheiro de restaurante, e o cartaz lhe diz, à entrada: por favor, não esqueça de carregar no autoclismo da retrete. Pode ser traumatizante. O que ele quer dizer é para você dar a descarga.
>
> **Miúdos** — São os garotos pequenos, antes da adolescência. Depois que crescem um pouco mais, são chamados de putos. Até hoje ninguém conseguiu me explicar o momento exato em que um miúdo vira puto. Ou seja, todo miúdo é puto, mas nem todo puto é miúdo. Ficou claro?
>
> **Monstros** — A Câmara Municipal de Cascais mandou um comunicado a todos os seus perplexos moradores: "é proibido, sem previamente solicitar os serviços e obter confirmação de que se realiza a sua remoção, colocar monstros ou resíduos de cortes de jardins em qualquer local do município". Monstros nada mais é do que entulhos.
>
> Disponível em: <http://acervo.estadao.com.br/pagina/#!/19930425-36348-nac-0146-cd2-2-not/>. Acesso em: 24 fev. 2016.

a) Por que os verbetes apresentam palavras que, mesmo escritas em português, são tão diferentes das que utilizamos em nosso dia a dia?

b) As diferenças entre os termos são de pronúncia, de vocabulário ou de grafia?

3. Nesta HQ aparecem diferenças do português de Portugal em relação ao do Brasil.

SANTOS, Nuno Pereira dos. Disponível em: <https://www.facebook.com/psicopatos>. Acesso em: 24 fev. 2016.

a) Dê exemplos de palavras ou expressões que não são comuns no Brasil.

b) Como a frase em que aparece(m) essa(s) expressão(ões) provavelmente seria escrita em uma "tradução" brasileira da história?

4. Em um país com as dimensões do Brasil, é natural que existam diferenças entre os modos de falar das pessoas das diversas regiões. Leia o fragmento abaixo, que apresenta termos e expressões próprias do sul do país, e, depois, faça o que se pede.

> Se o negro era **maleva**? Cruz! Era um condenado!... mas, **taura**, isso era, também!
>
> Quando houve a carreira grande, do **picarço** do major Terêncio e o **tordilho** do Nadico (filho do Antunes gordo, um que era **rengo**), quando houve a carreira, digo, foi que o negro mostrou mesmo pra o que prestava...; mas foi **caipora**.
>
> Escuite.
>
> LOPES NETO, João Simões. O negro Bonifácio. Em: *Contos gauchescos*. Porto Alegre: L&PM, p. 24. Disponível em: <http://www.dominiopublico.gov.br/download/texto/bv000121.pdf>. Acesso em: 30 dez. 2015.

- Depois de uma segunda leitura, procure deduzir pelo contexto o sentido de cada termo destacado e, finalmente, relacione as palavras a seus respectivos significados. Se for preciso, consulte um dicionário para realizar a tarefa.

Palavras	Significados
a) maleva	( ) má sorte
b) taura	( ) genioso
c) picarço (pigarço)	( ) cavalo de cor grisalha
d) tordilho	( ) manco
e) rengo	( ) valentão
f) caipora	( ) cavalo de pelo negro

5. Retome o conceito de **jargão**, no livro, leia o fragmento a seguir e depois responda à pergunta.

> Abordam-se as classificações utilizadas para esses quadros ao longo do séc. XIX, de acordo com os paradigmas da irritabilidade, do arco-reflexo e do sistema nervoso central. No tocante ao século XX são focalizados o paradigma psicogenético e as transformações pelas quais passaram esses diagnósticos nas diversas edições do *Manual diagnóstico e estatístico de transtornos mentais*. Por fim, abordam-se algumas das denominações paralelas que as doenças e sintomas sem lesão adquiriram na atualidade, como o conceito de síndrome funcional e o dilema da (i)legitimidade no qual essas doenças estão imersas.
>
> Disponível em: <http://www.scielo.br/scielo.php?script=sci_arttext&pid=S1413-73722011000100004>. Acesso em: 30 dez. 2015.

- O fragmento é exemplo do modo de se expressar de que grupo profissional?

_____

6. Leia agora o trecho da seguinte matéria.

Conheça 10 palavras que desapareceram da língua portuguesa

As palavras, assim como tudo na vida, passam por **diversas transformações**. Você já deve ter ouvido falar que antes se dizia "**vossemecê**" ao invés de "você", por exemplo. Mas, por que algumas palavras caem no esquecimento popular? [...]

Confira agora exemplos de palavras que caíram no esquecimento popular

Quiproquó

Não faz ideia do que isso significa? Saiba que você provavelmente já passou por uma situação de **quiproquó**: a palavra significa "confusão", por exemplo, "Hoje eu vi um quiproquó no mercado".

Chapoletada

A palavra **chapoletada** era mais usada em expressões como "vou lhe dar uma chapoletada", que significa o mesmo que dizer que você vai bater em alguém.

Fuzarca

Fuzarca era um termo bastante usado para falar sobre bagunça. Por exemplo: "As crianças fizeram uma fuzarca na sala!".

Supimpa

Se algo está **supimpa** significa que está muito bom. Supimpa, não é?

Marmota

Antigamente, quando alguém ficava desconfiado de algo, dizia coisas do tipo "tem **marmota** aí", ou seja, "tem algo de estranho nessa história".

[...]

Disponível em: <http://noticias.universia.com.br/destaque/noticia/2014/08/14/1109788/conheca-10-palavras-desapareceram-lingua-portuguesa.html>. Acesso em: 30 dez. 2015.

- O que é possível concluir da leitura dessas palavras? Coloque F (falso) ou V (verdadeiro) para cada afirmação.

    (   ) A língua sofre transformações ao longo do tempo, adaptando-se às necessidades da sociedade.

    (   ) A língua é a expressão da sociedade de uma época, portanto, conforme os hábitos e costumes dessa sociedade se transformam, ela também se transforma.

    (   ) A língua falada no tempo de Camões, por exemplo, é exatamente a mesma que falamos atualmente.

7. Observe agora a propaganda ao lado.

a) Você acha que se trata de uma propaganda atual? Em que você se baseou para responder?

_____
_____
_____
_____

b) O que é possível observar quanto à grafia das palavras? Explique.

_____
_____
_____
_____

Disponível em: <http://www.casadoposter.com.br/posters/poster_mostra.php?id=12&categ=1>. Acesso em: 30 dez. 2015.

8. Leia este outro fragmento e responda à questão proposta.

> Ora, como tudo cansa, esta monotonia acabou por exaurir-me também. Quis variar, e lembrou-me escrever um livro. Jurisprudência, filosofia e política acudiram-me, mas não me acudiram as forças necessárias. Depois, pensei em fazer uma *História dos Subúrbios,* menos seca que as memórias do padre Luís Gonçalves dos Santos, relativas à cidade; era obra modesta, mas exigia documentos e datas, como preliminares, tudo árido e longo. Foi então que os bustos pintados nas paredes entraram a falar-me e a dizer-me que, uma vez que eles não alcançavam reconstituir-me os tempos idos, pegasse da pena e contasse alguns.
>
> ASSIS, Machado de. *Dom Casmurro.* Disponível em: <http://machado.mec.gov.br/images/stories/pdf/romance/marm08.pdf>. Acesso: 30 dez. 2015.

- Passagens do texto como "esta monotonia acabou por exaurir-me também" revelam um locutor que faz uso de linguagem predominantemente

    a) ( ) científica.
    b) ( ) informal.
    c) ( ) formal.
    d) ( ) jornalística.
    e) ( ) técnica.

Para lembrar

- Complete, a seguir, as definições que faltam no quadro conceitual.

Modos

Variedades e registros

Variedades da língua
- Surgem conforme a _____ e a _____ em que a língua é falada ou conforme a idade, a escolaridade e os grupos sociais.

_____
- Estão ligadas a fatores como idade, sexo, escolaridade e grupo social do falante.

_____
- É um modelo ideal, que normatiza seu uso, tanto oral como escrito, proporcionando uma relativa estabilidade linguística.

Jargão
- É o conjunto de _____ usados entre pessoas que compartilham a mesma atividade _____.

Registro

Formal
- É mais cuidada e próxima da _____ e é utilizada, por exemplo, em jornais de circulação nacional, documentos, científicos ou jurídicos, cartas comerciais, palestras, noticiários televisivos, provas de vestibular etc.

Informal
- É mais _____ em seguir as regras da norma-padrão e é utilizada entre amigos e familiares, nas conversas do dia a dia etc.

Outro olhar

Nesta unidade, em que vimos os folhetos de cordel, mencionamos que uma das personagens mais conhecidas da literatura popular é João Grilo, criatura inteligente e ardilosa que aparece também na obra O auto da Compadecida, de Ariano Suassuna. Leia uma das cenas dessa peça, escrita com base em romances e histórias populares do Nordeste. Nela, João Grilo contracena com outra personagem, Chicó, um contador de causos, mentiroso e ingênuo, que cria as mais mirabolantes histórias.

O auto da Comparecida

JOÃO GRILO, suspirando.
Tudo o que é vivo morre. Está aí uma coisa que eu não sabia! Bonito, Chicó, onde foi que você ouviu isso? De sua cabeça é que não saiu, que eu sei.

CHICÓ
Saiu mesmo não, João. Isso eu ouvi um padre dizer uma vez.
(Esta cena, a partir daqui, é cortável, a critério do encenador, até a frase "Mas deixe de agonia, que o povo vem aí".) Foi no dia em que meu pirarucu morreu.

JOÃO GRILO
Seu pirarucu?

CHICÓ
Meu, é um modo de dizer, porque, para falar a verdade, acho que eu é que era dele. Nunca lhe contei isso não?

JOÃO GRILO
Não, já ouvi falar de homem que tem peixe, mas de peixe que tem homem, é a primeira vez.

CHICÓ
Foi quando eu estive no Amazonas. Eu tinha amarrado a corda do arpão em redor do corpo, de modo que estava com os braços sem movimento. Quando ferrei o bicho, ele deu um puxavante maior e eu caí no rio.

JOÃO GRILO
O bicho pescou você!...

CHICÓ
Exatamente, João, o bicho me pescou. Para encurtar a história, o pirarucu me arrastou rio acima três dias e três noites.

JOÃO GRILO
Três dias e três noites? E você não sentia fome não, Chicó?

CHICÓ
Fome não, mas era uma vontade de fumar danada. E o engraçado foi que ele deixou para morrer bem na entrada de uma vila, de modo que eu pudesse escapar. O enterro foi no outro dia e nunca mais esqueci o que o padre disse, na beira da cova.

JOÃO GRILO
E como o avistaram da vila?

CHICÓ
Ah, eu levantei um braço e acenei, acenei, até que uma lavadeira me avistou e vieram me soltar.

JOÃO GRILO
E você não estava com os braços amarrados, Chicó?

CHICÓ
João, na hora do aperto, dá-se um jeito a tudo.

JOÃO GRILO
Mas que jeito você deu?

CHICÓ
Não sei, só sei que foi assim. Mas deixe de agonia, que o povo vem aí.

Disponível em: <http://oficinadeteatro.com/conteudotextos-pecas-etc/pecas-de-teatro/viewdownload/5-pecas-diversas/110-auto-da-compadecida>. Acesso em: 4 jan. 2016.

Assista ao divertido filme no *site* <megafilmesonline.net/o-auto-da-compadecida/>.

1. O que Chicó conta a João Grilo?
_____

2. Como Chicó se mostra diante do companheiro? _____

3. Quais das falas abaixo indicam que Chicó era um grande mentiroso?
 a) (   ) Foi quando eu estive no Amazonas.
 b) (   ) [...] estava com os braços sem movimento.
 c) (   ) [...] o pirarucu me arrastou rio acima três dias e três noites.
 d) (   ) Fome não, mas era uma vontade de fumar danada...
 e) (   ) [...] ele deixou para morrer bem na entrada de uma vila, de modo que eu pudesse escapar.
 f) (   ) [...] eu levantei um braço e acenei, acenei...

4. Em um texto dramático escrito, há algumas convenções que o distinguem dos demais textos narrativos. Selecione apenas as características relacionadas à cena reproduzida.
 a) (   ) Narrador em primeira pessoa.
 b) (   ) Não há narrador na cena.
 c) (   ) Os nomes das personagens aparecem em destaque antes de cada fala.
 d) (   ) Há trechos destinados às falas das personagens e textos destinados ao diretor e outras personagens envolvidas na produção do espetáculo.
 e) (   ) A narrativa acontece em um momento do passado.

5. Em um texto dramático, rubricas (também chamadas "anotações de cena") descrevem o que deve acontecer no palco; movimentos, gestos, posições, estados emocionais das personagens, o tom dos diálogos e falas. No texto há uma rubrica indicando como deve agir o ator e uma dedicada ao encenador. Localize-as.
_____
_____

Leitura do mundo

Nesta unidade, em que falamos de variações linguísticas, vamos conhecer uma canção popular brasileira, que tem origem no folclore da região pantaneira do estado de Mato Grosso e foi recolhida por Paulo Vanzolini e Xandó.

Cuitelinho

Cheguei na beira do porto
Onde as ondas se espaia
As garça dá meia volta
E senta na beira da praia
E o cuitelinho não gosta
Que o botão de rosa caia

Ai quando eu vim
da minha terra
Despedir da parentaia
Eu entrei no Mato Grosso
Dei em terras paraguaias
Lá tinha revolução
Enfrentei forte bataia

A tua saudade corta
Como aço de navaia
O coração fica afrito
Bate uma e a outra faia
E os óio se enche d'água
Que até a vista se atrapaia
[...]

Da Tradição popular.

1. Cuitelo é o nome do beija-flor em algumas regiões do Brasil. Cuitelinho, portanto, seria um pequeno beija-flor. Você conhece algum outro nome pelo qual seja chamado o passarinho?
   _____

2. Embora não se saiba exatamente quando surgiu a canção original, podemos deduzir que o eu poético se refere à Guerra do Paraguai, conflito armado que envolveu Argentina, Uruguai e Brasil, além do Paraguai, no século XIX. Localize os versos em que se faz referência ao conflito.
   _____
   _____
   _____

3. Que sentimento toma conta do eu poético na canção?
   _____

4. A canção apresenta muitas imagens poéticas. Procure no texto:

a) um exemplo de comparação;

_____

b) um exemplo de personificação.

_____

5. Utilizou-se nessa versão o registro oral da língua, mantendo-se as formas do português não padrão.

a) Procure três exemplos desse uso.

_____

b) Assinale as afirmações que considerar verdadeiras. Podemos considerar que a canção *Cuitelinho*:

( ) manifesta aspectos culturais de um povo, entre os quais se inclui sua forma de falar.
( ) tem como objetivo a recriação da realidade brasileira de forma romanceada.
( ) foca a formação da identidade nacional por meio da tradição oral.
( ) demonstra a incorreção da língua portuguesa que é falada por pessoas do interior do Brasil.

6. Se alguém lhe dissesse que não se deve registrar uma canção com o "português não padrão", que esse texto deveria ser "corrigido", o que você lhe diria? Lembre-se do que falamos sobre variedades linguísticas na unidade e escreva um parágrafo emitindo sua opinião e fundamentando-a por meio de um argumento consistente.

_____
_____
_____
_____
_____
_____
_____
_____
_____
_____
_____
_____
_____
_____

UNIDADE 5
O fato em foco

Reveja a jornada

Nesta unidade, você refletiu sobre as características do sujeito e sua relação com o predicado na construção de orações. Viu, também, a importância desse termo da oração para a concordância e compreensão adequada de sentidos. Retome esses conceitos, no livro, e realize as atividades a seguir.

1. Leia este resumo de uma notícia.

> **Mulheres são maioria em Salvador, confirma IBGE**
>
> Quase um harém. Assim é a capital baiana quando se compara o número de mulheres em relação ao de homens da cidade. De acordo com dados do Censo 2010, divulgados ontem pelo IBGE, para cada 100 mulheres existem apenas 87 homens.
>
> Disponível em: <http://cantinhodaweb.com/ultimas-noticias/noticias-rapidas-noticias-resumidas-do-brasil-e-do-mundo/>. Acesso em: 3 jan. 2016.

a) Quantos verbos há no título do texto? Qual a relação entre o número de verbos e o de orações nessa parte da notícia?
___

b) Procure no corpo da notícia lida um exemplo de frase nominal. Em que você se baseou para responder?
___

c) Releia.

> Assim é a capital baiana quando se compara o número de mulheres em relação ao de homens da cidade.

I. Quantos verbos e quantas orações aparecem nesse período? ___

II. De acordo com sua resposta, temos nesse trecho um período simples ou um período composto?
___

2. Leia as manchetes abaixo.

   a) Cada uma destas manchetes é composta por duas orações. Identifique-as separando-as por barras (/).

   I.
   Apostas ficam de fora de prêmio "termômetro" do Oscar; veja indicados

   Disponível em: <http://www1.folha.uol.com.br/ilustrada/2015/12/1716836-apostas-ficam-de-fora-de-premio-termometro-do-oscar-veja-indicados.shtml>. Acesso em: 5 jan. 2016.

   II.
   Produtos da ceia de Natal têm alta de 16,12% em relação a 2014, diz FGV/Ibre

   Disponível em: <http://atarde.uol.com.br/economia/noticias/1732473-produtos-da-ceia-de-natal-tem-alta-de-1612-em-relacao-a-2014-diz-fgvibre>. Acesso em: 5 jan. 2016.

   b) Cada uma das orações que você identificou tem sujeito e predicado. Reconheça-os e complete o quadro abaixo.

Sobre quem (ou o que) se fala (Sujeito)	Informação dada (Predicado)

3. Observe agora.

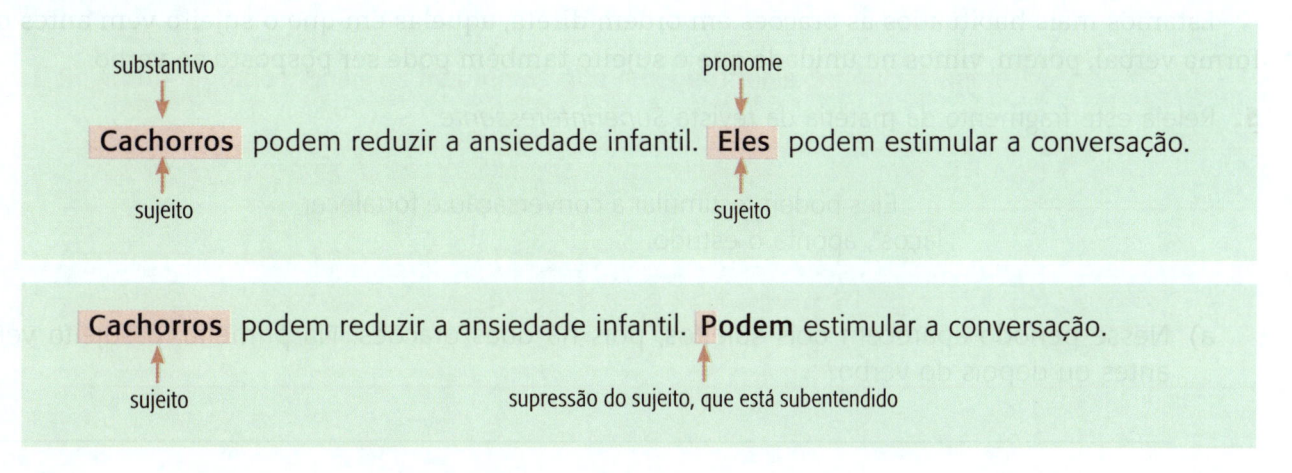

   substantivo ↓ — pronome ↓
   Cachorros podem reduzir a ansiedade infantil. **Eles** podem estimular a conversação.
   ↑ sujeito — ↑ sujeito

   Cachorros podem reduzir a ansiedade infantil. **Podem** estimular a conversação.
   ↑ sujeito — ↑ supressão do sujeito, que está subentendido

43

a) No segundo exemplo, o pronome *eles* (que é sujeito da segunda oração) foi suprimido. Essa supressão altera o sentido e a relação entre as duas orações?
___

b) Com a supressão do sujeito, como é possível saber que ele permanece o mesmo nessa oração?
___
___

4. O trecho a seguir pertence a um livro que narra aventuras na Grécia Antiga. Nesse fragmento, aparecem duas personagens mitológicas, Caronte e Orfeu.

> Caronte pegou Eurídice nos braços e colocou no barco negro. Em seguida, porém, Orfeu não aguentou a dor e quis embarcar a qualquer custo. Caronte tentou impedir empurrando Orfeu para longe, mas nosso amigo era mais forte e logo conseguiu reagir, derrubando o barqueiro, que ficou desacordado no chão. Mais que depressa, Orfeu pegou o remo e gritou para nós: Venham! Rápido!
>
> SILVA, Flávia Lins e. *Diário de Pilar na Grécia*. Rio de Janeiro: Zahar, 2008.

a) Procure verbos que expressem ações ou estados de:

I. Caronte: ___

II. Orfeu: ___

b) Procure um exemplo de oração com o sujeito subentendido.
___

c) Procure um exemplo de sujeito formado por uma expressão que substitui a palavra Orfeu, evitando, assim, repetição.
___

Estamos mais habituados às orações em ordem direta, aquelas em que o sujeito vem antes da forma verbal, porém, vimos na unidade que o sujeito também pode ser posposto ao verbo.

5. Releia este fragmento da matéria da revista *Superinteressante*.

> Eles podem estimular a conversação e fortalecer laços", aponta o estudo.

a) Nesse período aparecem dois sujeitos, pois há duas orações. Na primeira, o sujeito vem antes ou depois do verbo?
___

b) Qual o sujeito do verbo *apontar*, na segunda oração?

c) Ele aparece antes ou depois do verbo?

d) Se a matéria comentasse as conclusões de dois estudos diferentes, como ficaria a segunda oração?

e) O que é possível concluir a partir das respostas deste exercício 5?

( ) O verbo sempre concorda com o sujeito, mesmo quando é posposto.

( ) O verbo sempre concorda com o sujeito quando este vem anteposto.

( ) O verbo sempre concorda com o sujeito, mesmo quando está subentendido.

6. Leia estes dois títulos de notícias.

I.

Chegaram os kits da 20ª Olimpíada do Paraná Clube

Disponível em: <http://www.paranaclube.com.br/vnoticias.php?1837>.
Acesso em: 4 jan. 2016.

II.

Mais de 700 mil migrantes chegaram à Europa pelo Mediterrâneo neste ano

Disponível em: <http://g1.globo.com/mundo/noticia/2015/10/mais-de-700-mil-migrantes-chegaram-europa-pelo-mediterraneo-em-2015.html>. Acesso em: 4 jan. 2016.

a) Em qual dos títulos o sujeito da oração aparece posposto?

b) Em qual deles se dá maior relevo ao sujeito?

c) Em qual se dá maior destaque ao predicado?

7. Leia a tira e responda às questões propostas.

Disponível em: <http://gilmar.blogosfera.uol.com.br/2014/05/05/direito-sociais/>. Acesso em: 24 fev. 2016.

a) Qual o sujeito da oração que aparece na primeira fala do pai?
_____

b) Qual o sujeito da oração que compõe a fala da personagem no segundo quadrinho?
_____

c) É possível colocar uma vírgula entre "tá faltando" e "muita coisa" na oração que aparece no balão do segundo quadrinho? Explique.
_____

8. Você viu que é possível evitar repetição do sujeito trocando o termo por um pronome, eliminando-o ou substituindo-o por palavra de sentido equivalente. Reescreva o texto da notícia a seguir, evitando a repetição de uma mesma palavra. Lembre-se de preservar a clareza do texto.

Repelente mais indicado para combater zika está em falta no mercado devido à alta demanda

A falta do repelente Exposis fez surgir um mercado negro do repelente. Em farmácias pequenas, balconistas oferecem o repelente com ágio, desde que o pagamento seja em dinheiro. O repelente é negociado em *sites* de vendas por preço três vezes mais alto do que o cobrado em lojas. Há ainda listas de espera pelo repelente.

Disponível em: <http://noticias.r7.com/rio-de-janeiro/falta-de-repelente-faz-surgir-mercado-negro-de-produto-no-rio-12122015>. Acesso em: 5 jan. 2016.

_____
_____
_____
_____

Retome o conceito de sujeito, no livro, antes de realizar a próxima atividade.

Para lembrar

Complete as definições que formam o quadro conceitual sobre sujeito e predicado.

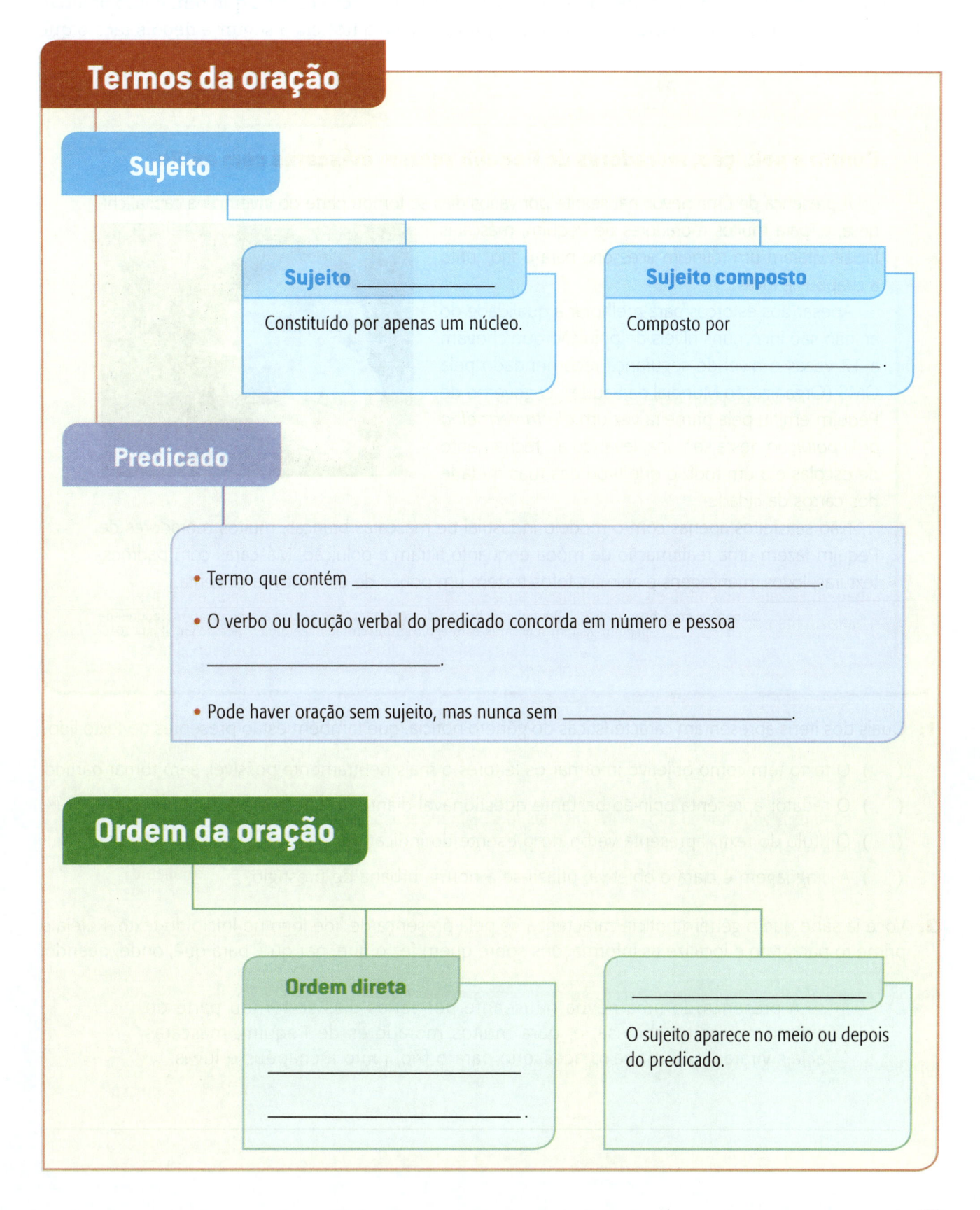

Termos da oração

Sujeito

Sujeito _____
Constituído por apenas um núcleo.

Sujeito composto
Composto por _____.

Predicado

- Termo que contém _____.
- O verbo ou locução verbal do predicado concorda em número e pessoa _____.
- Pode haver oração sem sujeito, mas nunca sem _____.

Ordem da oração

Ordem direta
_____
_____.

_____
O sujeito aparece no meio ou depois do predicado.

Outro olhar

Nas Leituras 1 e 2 desta unidade, falamos sobre a notícia, gênero textual que tem como objetivo informar o leitor de fato relevante e de interesse público. Leia a notícia a seguir e depois faça o que se pede.

Contra a poluição, moradores de Pequim vestem máscaras com estilo

A presença de uma névoa nauseante por vários dias se tornou parte do inverno na capital chinesa, e, para muitos moradores de Pequim, máscaras faciais viraram um rotineiro acessório para o frio, junto a chapéus e luvas.

Apesar dos esforços para melhorar a qualidade do ar, não são incomuns níveis de poluição que chegam a 12 vezes o nível de segurança recomendado pela OMS (Organização Mundial da Saúde). O governo de Pequim emitiu pela primeira vez um *alerta vermelho pela poluição* nesta semana, levando ao fechamento de escolas e a um rodízio que tirou das ruas metade dos carros da cidade.

Não satisfeitos apenas com o modelo industrial de máscaras brancas, muitos moradores de Pequim fazem uma reafirmação de moda enquanto filtram a poluição. Máscaras com padrões, texturas, logos, mensagens e animais fofos trazem um pouco de cor à névoa cinzenta.

Disponível em: <http://www1.folha.uol.com.br/mundo/2015/12/1716305-contra-a-poluicao-moradores-de-pequim-vestem-mascaras-com-estilo.shtml?cmpid=facefolha >. Acesso em: 4 jan. 2016.

1. Quais dos itens apresentam características do gênero notícia, que também estão presentes no texto lido?

( ) O texto tem como objetivo informar os leitores o mais neutramente possível, sem tomar partido.

( ) O redator apresenta opinião bastante questionável diante do fato narrado.

( ) O título do texto apresenta verbo no presente do indicativo.

( ) A linguagem é clara e objetiva, utiliza-se a norma urbana de prestígio.

2. Você já sabe que o gênero notícia caracteriza-se pela presença de lide logo no início do texto. Releia o primeiro parágrafo e localize as informações sobre quem fez o quê, por quê, para quê, onde, quando.

> A presença de uma névoa nauseante por vários dias se tornou parte do inverno na capital chinesa, e, para muitos moradores de Pequim, máscaras faciais viraram um rotineiro acessório para o frio, junto a chapéus e luvas.

_____

_____

3. O trecho a seguir foi publicado em um portal de notícias. Leia alguns comentários postados por internautas.

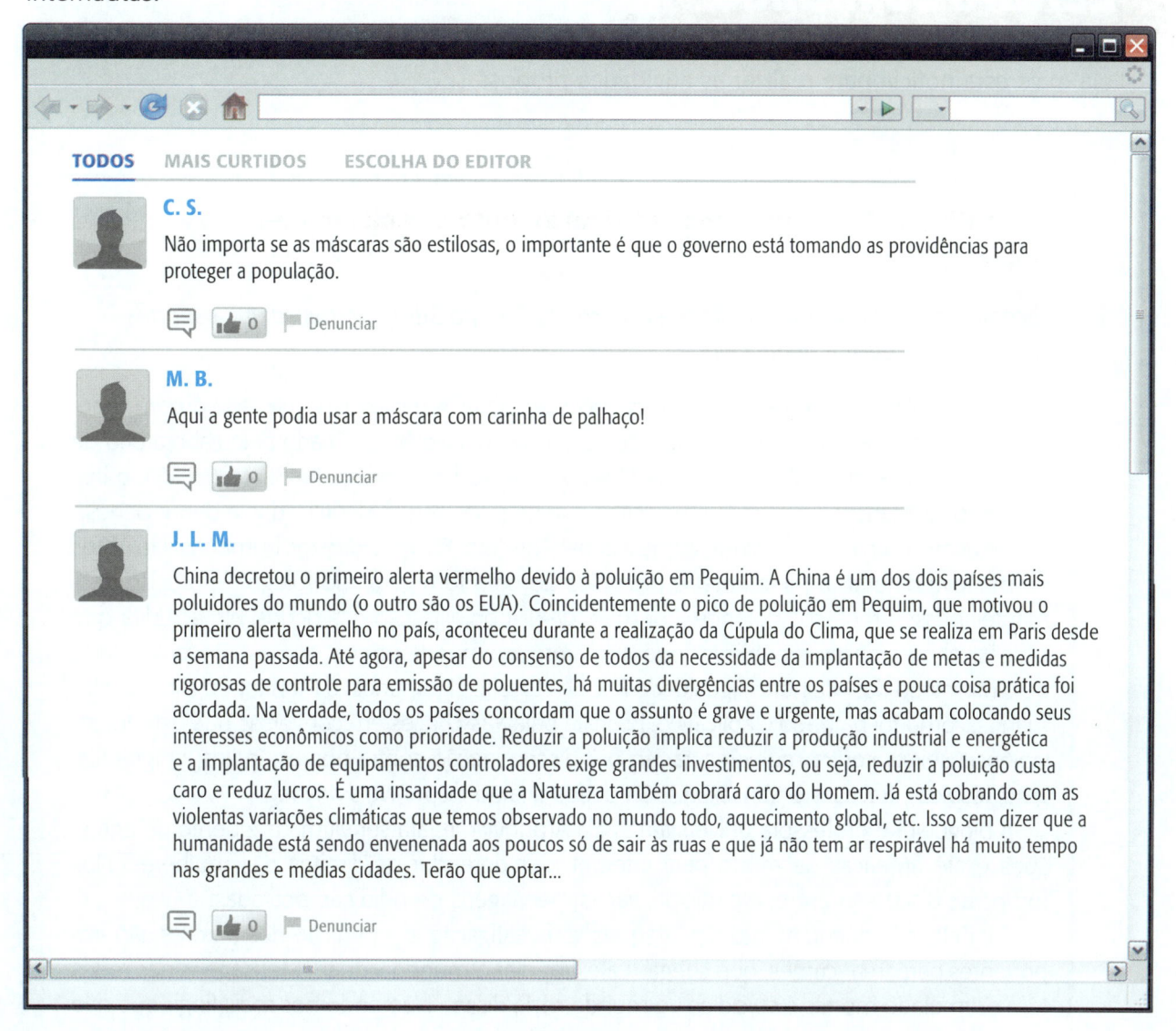

C. S.
Não importa se as máscaras são estilosas, o importante é que o governo está tomando as providências para proteger a população.

M. B.
Aqui a gente podia usar a máscara com carinha de palhaço!

J. L. M.
China decretou o primeiro alerta vermelho devido à poluição em Pequim. A China é um dos dois países mais poluidores do mundo (o outro são os EUA). Coincidentemente o pico de poluição em Pequim, que motivou o primeiro alerta vermelho no país, aconteceu durante a realização da Cúpula do Clima, que se realiza em Paris desde a semana passada. Até agora, apesar do consenso de todos da necessidade da implantação de metas e medidas rigorosas de controle para emissão de poluentes, há muitas divergências entre os países e pouca coisa prática foi acordada. Na verdade, todos os países concordam que o assunto é grave e urgente, mas acabam colocando seus interesses econômicos como prioridade. Reduzir a poluição implica reduzir a produção industrial e energética e a implantação de equipamentos controladores exige grandes investimentos, ou seja, reduzir a poluição custa caro e reduz lucros. É uma insanidade que a Natureza também cobrará caro do Homem. Já está cobrando com as violentas variações climáticas que temos observado no mundo todo, aquecimento global, etc. Isso sem dizer que a humanidade está sendo envenenada aos poucos só de sair às ruas e que já não tem ar respirável há muito tempo nas grandes e médias cidades. Terão que optar...

a) Qual dos três comentários foca mais diretamente o assunto da notícia? Por quê?
_____

b) Qual deles fornece novas informações e aprofunda o tema tratado?
_____

c) Como você entendeu o segundo comentário?
_____
_____

d) Avalie as afirmações abaixo e assinale F (falso) ou V (verdadeiro). No terceiro comentário, o internauta apresenta:

( ) constatações, como em "A China é dos dois países mais poluidores do mundo".
( ) opiniões, como em "... pouca coisa prática foi acordada".
( ) avaliações pessoais, como em "... reduzir a poluição custa caro e reduz lucros".
( ) pontos de vista controversos como em "reduzir a poluição custa caro e reduz lucros".

Leitura do mundo

Leia mais esta notícia para realizar as atividades propostas.

Aplicativo vai monitorar mensagens de ódio e racismo nas redes sociais

Tecnologia criada pela Universidade Federal do Espírito Santo permitirá que usuários sejam identificados e denunciados

Um aplicativo na internet vai monitorar postagens nas redes sociais que reproduzam mensagens de ódio, racismo, intolerância e que promovam a violência. Criado pelo Laboratório de Estudos em Imagem e Cibercultura da Universidade Federal do Espírito Santo (UFES), o instrumento será lançado este mês e permitirá que usuários sejam identificados e denunciados.

De acordo com o professor responsável pelo projeto, F. M., os direitos humanos são vistos de maneira pejorativa na internet e discursos de ódio têm ganhado fôlego. "É preciso desmantelar esse processo", defende. Por meio da disponibilização dos dados, ele acredita que é possível criar políticas públicas "que amparem e empoderem as vítimas". Encomendado pelo Ministério das Mulheres, Igualdade Racial e Direitos Humanos, o Monitor de Direitos Humanos, como foi batizado o aplicativo, buscará palavras-chaves em conversas que estimulem violência sexual contra mulheres, racismo e discriminação contra negros, índios, imigrantes, *gays*, lésbicas, travestis e transexuais. Os dados ficarão disponíveis *online*.

A blogueira e professora universitária Lola Aronovich relata ser vítima frequente de agressões e até ameaças de morte pela internet, por defender os direitos das mulheres. Nos fóruns de discussão em que participa, várias mensagens de ódio são postadas.

Para ela, o monitoramento dos ataques, a investigação e a punição dos autores são importantes para frear crimes, que chegam a extrapolar o mundo virtual. "Mensagens nas redes têm estimulado mortes e suicídios no mundo real", disse. "Não podemos mais fingir que não acontece", acrescentou.

Quem não expõe ideias na rede, não está livre de violência. Para a jovem M. R. bastou ser negra e postar uma foto no *Facebook* ao lado do namorado, que é branco, para ser alvo de discriminação. A foto recebeu dezenas de comentários racistas e foi compartilhada em grupos criados especialmente para agredi-la.

"É como se fosse uma diversão para ele. Só que para quem sofre não é legal. Isso dói e machuca", revelou, que, mesmo após ter denunciado o caso, não viu agressores condenados.

[...]

Disponível em: <http://www.em.com.br/app/noticia/tecnologia/2015/11/03/interna_tecnologia,703962/aplicativo-vai-monitorar-mensagens-de-odio-e-racismo-nas-redes-sociais.shtml?ref=yfp>. Acesso em: 5 jan. 2016.

1. Como funcionará o aplicativo?

2. No texto que lemos, aparecem fatos e opiniões sobre essas situações. Classifique as afirmações abaixo assinalando F (fato) ou O (opinião).

( ) "É preciso desmantelar esse processo" [...]

( ) [...] o instrumento será lançado este mês e permitirá que usuários sejam identificados e denunciados.

( ) [...] os direitos humanos são vistos de maneira pejorativa na internet.

( ) [...] [a foto] foi compartilhada em grupos criados especialmente para agredi-la.

3. Você conhece ou já ouviu falar de pessoas que foram vítimas de mensagens de ódio ou racismo nas redes sociais? Conte resumidamente como foi.

4. Você sabia que existem delegacias especializadas em crimes cibernéticos (Delegacia de Repressão a Crimes Informáticos) assim como *sites* dedicados a receber denúncias desse tipo de violação de direitos humanos? Só a ONG SaferNet Brasil tem mais de 3 milhões de denúncias contabilizadas em nove anos de existência.

a) Formule uma hipótese: Quais os crimes cibernéticos mais denunciados? Depois compare sua resposta com o resultado apresentado no gráfico a seguir.

___

Agora observe os dados do gráfico.

- Apologia e incitação a crimes contra a vida
- Homofobia
- Xenofobia
- Maus-tratos contra animais
- Pornografia infantil
- Racismo
- Neonazismo
- Tráfico de pessoas
- Intolerância religiosa

Disponível em: <http://new.safernet.org.br/denuncie#>. Acesso em: 8 jan. 2016.

b) Segundo o gráfico, quais os três temas que recebem mais denúncias nesse *site*?

___

c) Algum dos dados o surpreendeu? Por quê?

5. Releia este parágrafo:

> Para ela, o monitoramento dos ataques, a investigação e a punição dos autores são importantes para frear crimes, que chegam a extrapolar o mundo virtual. "Mensagens nas redes têm estimulado mortes e suicídios no mundo real", disse. "Não podemos mais fingir que não acontece", acrescentou.

a) O que você diria a alguém a quem desejasse conscientizar sobre a diferença entre o direito de postar opiniões pessoais e postar opiniões e afirmações discriminatórias? Apresente um argumento que justifique sua opinião.

> Lembre-se: apresentar um argumento implica ir além do "acho que...". É necessário fundamentar seu ponto de vista.

_____
_____
_____
_____
_____
_____
_____

b) Que medidas podem e devem ser efetuadas para coibir situações de discriminação e agressão nas redes sociais? Para responder:

I. faça uma pesquisa com cinco pessoas, perguntando-lhes sua opinião sobre o assunto. Anote as respostas dadas.

_____
_____
_____
_____
_____
_____

II. leia as respostas que tem em mãos e redija um parágrafo analisando as propostas de solução e os pontos de vista assumidos pelos seus entrevistados.

_____
_____
_____
_____
_____
_____
_____

UNIDADE 6
Outras terras, outras gentes

Reveja a jornada

Nesta unidade, você refletiu sobre as propriedades do predicado e sua relação com o sujeito na construção de orações por meio do reconhecimento dos verbos de ligação e dos verbos significativos em determinados contextos. Retome os conceitos, no livro, e realize as atividades a seguir.

1. Observe os verbos desta matéria jornalística. Indique se esses verbos têm um predicado nominal ou verbal.

Conheça as novas roupas espaciais da NASA

Por Lucas Baptista / ATUALIZADO EM 13/11/2015

É nestes modelitos que iremos para Marte. Novos uniformes são mais leves do que os atuais e facilitam os movimentos dos astronautas.

Disponível em: <http://super.abril.com.br/ciencia?page=8>. Acesso em: 6 jan. 2016.

- _____

2. Leia estas manchetes.

Quinze praias estão liberadas ao banho este fim de semana

Disponível em: <http://www.mancheteonline.com.br/quinze-praias-estao-liberadas-ao-banho-este-fim-de-semana/>. Acesso em: 6 jan. 2016.

Melhores escolas públicas do Brasil estão no Nordeste, diz Inep

Disponível em: <http://www.mancheteonline.com.br/melhores-escolas-publicas-do-brasil-estao-no-nordeste-diz-inep/>. Acesso em: 6 jan. 2016.

a) As duas manchetes apresentam o verbo *estar*, que geralmente é empregado como verbo de ligação. Em qual delas há a atribuição de uma característica ao sujeito, caracterizando o predicativo?

b) Em qual delas o predicado é verbal? Qual o significado de *estar* nessa manchete?

3. Leia a tira.

Balão 1: SOPINHA NO INVERNO É UMA DELÍCIA...

Balão 2: MAS É PRUDENTE TIRAR O CACHECOL ENQUANTO COZINHA...

Gilmar. *Tiroletas*. Disponível em: <http://gilmar.blogosfera.uol.com.br/tag/cartunista-gilmar/page/2/>. Acesso: 24 fev. 2016.

a) No primeiro balão de fala, qual é o sujeito da oração na fala da personagem?

b) Qual é a palavra ou expressão que indica o predicativo do sujeito?

c) No segundo balão, aparece um verbo significativo. Qual é ele e o que expressa: ação ou processo?

4. Leia esta manchete de notícia e circule a forma verbal empregada.

Parques do Rio Tietê são opções de lazer, aprendizado e de espaços verdes no meio de SP

Disponível em: <https://catracalivre.com.br/sp/tag/verde/page/3/>. Acesso em: 6 jan. 2016.

a) Qual é o sujeito da oração no título?

b) Qual é o predicativo do sujeito?

c) O predicativo do sujeito atribui uma característica ao sujeito ou expressa uma opinião?

5. Leia estes trechos de uma página sobre turismo publicada em um portal da internet e observe os predicativos destacados.

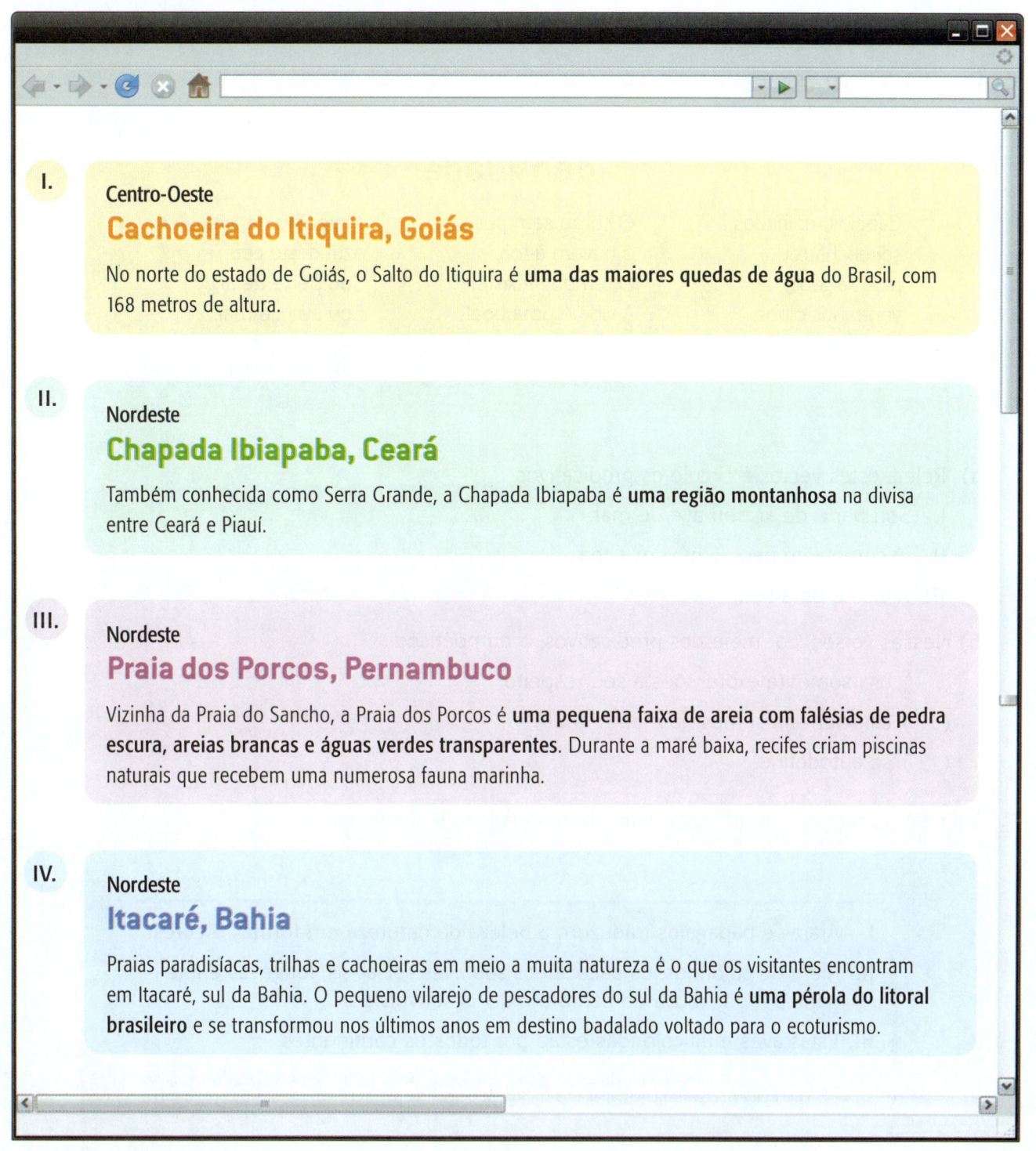

I.

Centro-Oeste
Cachoeira do Itiquira, Goiás
No norte do estado de Goiás, o Salto do Itiquira é **uma das maiores quedas de água** do Brasil, com 168 metros de altura.

II.

Nordeste
Chapada Ibiapaba, Ceará
Também conhecida como Serra Grande, a Chapada Ibiapaba é **uma região montanhosa** na divisa entre Ceará e Piauí.

III.

Nordeste
Praia dos Porcos, Pernambuco
Vizinha da Praia do Sancho, a Praia dos Porcos é **uma pequena faixa de areia com falésias de pedra escura, areias brancas e águas verdes transparentes**. Durante a maré baixa, recifes criam piscinas naturais que recebem uma numerosa fauna marinha.

IV.

Nordeste
Itacaré, Bahia
Praias paradisíacas, trilhas e cachoeiras em meio a muita natureza é o que os visitantes encontram em Itacaré, sul da Bahia. O pequeno vilarejo de pescadores do sul da Bahia é **uma pérola do litoral brasileiro** e se transformou nos últimos anos em destino badalado voltado para o ecoturismo.

Disponível em: <http://mulher.terra.com.br/100-paisagens-do-brasil>. Acesso em: 5 jan. 2016.

a) Os predicativos do sujeito atribuídos aos vários locais indicam opinião ou fatos indiscutíveis que expressam informação?
_____
_____

b) Pelo conteúdo desses predicativos do sujeito, conclui-se que a página, por meio do emprego de predicativos, privilegia a informação ou uma visão pessoal acerca dos locais?

_____

6. Predicativos são empregados em inúmeros gêneros. Leia estes versos.

Identidade

Cabelos molhados,
sol encharcado,
pele salgada,
vento nos olhos,
areia nos pés.

O corpo sem peso
é nuvem à-toa.
O tempo inexiste.
A vida é uma boa!

Mergulho na água
azul deste céu.
Sou peixe de ar.
Sou ave de mar.
[...]

TELLES, Carlos Queiroz. *Sonhos, grilos e paixões*. São Paulo: Moderna, 2005.

a) Releia estes versos e circule os predicativos.

I. Sou peixe de ar, sou ave de mar.

II. O corpo sem peso é nuvem à-toa.

III. A vida é uma boa.

b) Nesses versos, por meio dos predicativos, o eu poético:

( ) usa somente expressões a seu respeito.

( ) caracteriza a si mesmo e ao mundo.

( ) se autodefine.

7. Leia estas orações. Localize os predicativos do sujeito e circule-os.

I. Araras e papagaios traduzem a beleza da natureza em formas e cores.

II. Além de coloridos, os psitacídeos são aves sociáveis, longevas e inteligentes – por causa do cérebro mais desenvolvido.

III. Estas aves multicoloridas estão por todos os continentes.

Disponível em: <http://g1.globo.com/sp/campinas-regiao/terra-da-gente/especiais/noticia/2015/10/araras-e-papagaios-traduzem-beleza-da-natureza-em-formas-e-cores.html>.
Acesso em: 6 jan. 2016.

- Indique a resposta correta.

a) ( ) Ocorre predicativo do sujeito nas orações I, II e III.

b) ( ) Ocorre predicativo do sujeito nas orações II e III.

c) ( ) Ocorre predicativo do sujeito somente na oração II.

Para lembrar

- Preencha, a seguir, as definições e os exemplos que faltam no quadro conceitual sobre os predicados e o predicativo do sujeito.

Predicado

Predicado nominal

É formado por **verbo de ligação** e **predicativo do sujeito**.

Verbo de ligação

Tem a função de ligar o _____ ao predicativo do sujeito.

Predicativo do sujeito

Termo que atribui ao sujeito uma _____,
_____ ou _____.

Exemplo

_____
_____

Predicado verbal

É construído em torno de um **verbo significativo**.

Verbo significativo

Indica uma _____ atribuída ao sujeito ou expressa um _____.

Exemplo

_____
_____

57

Outro olhar

Nas Leituras 1 e 2 desta unidade, falamos de locais no Brasil que atraem a atenção de turistas, um na Região Norte (a cidade de Belém, no Pará) e outro na Região Nordeste (a cidade de São Luís, no Maranhão). Outros locais do Brasil também despertam o interesse tanto de brasileiros como de turistas internacionais. Veja o resultado de um estudo feito pelo Ministério do Turismo a respeito dos motivos que trazem turistas ao Brasil.

Leia atentamente esta tabela, publicada em 2015.

Motivo da viagem (%)	2008	2009	2010	2011	2012	2013	2014
Lazer	42,7	45,5	46,1	46,1	46,8	46,5	54,7
Negócios, eventos e convenções	27,0	22,9	23,3	25,6	25,3	25,3	21,9
Outros motivos	30,3	31,6	30,6	28,3	27,9	28,2	23,4
Visitar amigos e parentes	26,8	28,1	27,0	24,5	24,4	21,8	20,1
Religião ou peregrinação	0,4	0,4	0,5	0,3	0,4	3,5	0,4
Estudo ou cursos	1,6	1,6	1,5	2,0	1,8	1,8	1,9
Motivos de saúde	0,6	0,6	0,6	0,6	0,6	0,6	0,5
Compras	0,1	0,1	0,2	0,1	0,1	0,1	0,1
Outros	0,8	0,8	0,8	0,8	0,6	0,4	0,4
Total	100,0	100,0	100,0	100,0	100,0	100,0	100,0

Disponível em: <www.dadosefatos.turismo.gov.br/dadosefatos/demanda_turistica/internacional>. Acesso em: 6 jan. 2016.

1. Assinale as afirmações corretas a seguir, de acordo com os dados que você observou no ano de 2014.

a) ( ) 50% dos turistas vêm a negócios.

b) ( ) Mais da metade dos turistas vêm em busca de distração e entretenimento.

c) ( ) Entre os que vêm por outros motivos, o interesse principal é o estudo.

d) ( ) A visita a amigos e familiares é a principal razão daqueles que não se interessam por negócios nem lazer.

e) ( ) O lazer é o principal motivo que traz os turistas ao Brasil.

f) ( ) Grande parte dos turistas têm interesse em comprar produtos brasileiros.

g) ( ) A quantidade de turistas que vêm ao Brasil por motivos variados é superior à dos que vêm a negócios.

2. Observe estes dados, considerando a progressão de 2008 a 2014.

a) O volume de turistas que buscam lazer aumentou ou diminuiu?

b) O volume de negócios atual aumentou ou diminuiu em relação ao ano de 2008?

c) Qual é o ano em que houve maior fluxo de turistas que aqui vieram para fazer negócios ou participar de eventos e feiras?

Leitura do mundo

Viajar é conhecer novas terras, novas gentes. E também novos costumes, novos saberes e visões de mundo, aprendendo a conviver com a diversidade, seja em viagens dentro de um mesmo país, seja em outros países, ao vivenciar o contato com mundos que desconhecemos.

No Brasil, por exemplo, convivem diferentes grupos humanos, de Norte a Sul, de Leste a Oeste, responsáveis, em seu conjunto, pela construção da identidade nacional e do patrimônio cultural brasileiro, composto de bens de natureza material e imaterial. Bens materiais são aqueles que dizem respeito a objetos, documentos, locais, monumentos, paisagens representativas do país. Bens imateriais incluem os modos de expressão, saberes e celebrações.

Veja nesta imagem alguns dos bens imateriais brasileiros registrados no Instituto do Patrimônio Histórico e Artístico Nacional e responda às perguntas a seguir.

Constituição Federal

Art. 216. Constituem patrimônio cultural brasileiro os bens de natureza material e imaterial, tomados individualmente ou em conjunto, portadores de referência à identidade, à ação, à memória dos diferentes grupos formadores da sociedade brasileira, nos quais se incluem:

I. as formas de expressão;

II. os modos de criar, fazer e viver;

III. as criações científicas, artísticas e tecnológicas;

IV. as obras, objetos, documentos, edificações e demais espaços destinados às manifestações artístico-culturais;

V. os conjuntos urbanos e sítios de valor histórico, paisagístico, artístico, arqueológico, paleontológico, ecológico e científico.

Disponível em: <http://portal.iphan.gov.br/uploads/legislacao>. Acesso em: 24 fev. 2016.

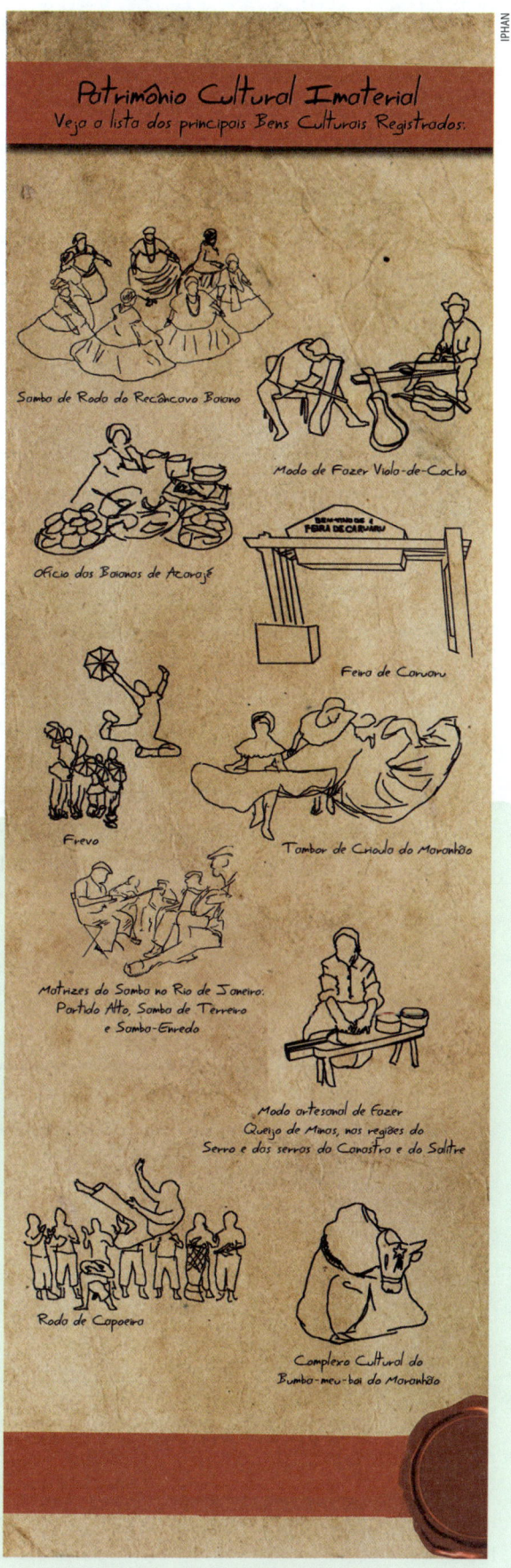

Disponível em: <http://www.brasil.gov.br/cultura/2014/06/conheca-os-bens-imateriais-brasileiros/view>. Acesso em: 7 jan. 2016.

1. Você conhece algum dos bens imateriais representados na imagem? Qual deles?

_____
_____
_____

2. Conhecer e respeitar as heranças culturais de uma região e do país permite que seus cidadãos aprendam a resguardar a memória de suas comunidades e se sintam parte delas.

Leia esta notícia sobre um incidente de desrespeito ocorrido na cidade de Ouro Preto, em Minas Gerais, que é tombada pelo Patrimônio Histórico e faz parte dos bens materiais do país.

Turistas são indiciados após dano a cruz histórica durante Carnaval em Ouro Preto (MG)

Rayder Bragon
Do UOL, em Belo Horizonte

A Polícia Civil mineira indiciou por crime ambiental contra o patrimônio público três turistas acusados de terem danificado, durante o último Carnaval, uma cruz tombada pelo Iphan (Instituto do Patrimônio Histórico e Artístico Nacional), datada do século 19 e localizada na ponte da Barra, em Ouro Preto, cidade histórica da região central de Minas Gerais. [...]

Carnaval de rua em Ouro Preto, Minas Gerais, em 2015.

Disponível em: <http://noticias.uol.com.br/cotidiano/ultimas-noticias/2012/03/02/turistas-sao-indiciados-apos-dano-a-cruz-historica>. Acesso em: abr. 2016.

a) É possível conciliar uma festa popular como o Carnaval em um espaço considerado patrimônio histórico e arqueológico?

_____
_____
_____
_____

b) Qual seria uma possível solução para esse problema, que fosse viável para preservar a cidade e manter a tradição do Carnaval?

_____
_____
_____

3. Leia alguns comentários de internautas a respeito do fato ocorrido em Ouro Preto.

COMENTÁRIOS 37

Escreva seu comentário...

TODOS MAIS CURTIDOS ESCOLHA DO EDITOR

H.C. 4 anos atrás

Vamos combinar: isto aqui se chama Brasil. Então, é o seguinte: Ouro Preto precisa definir se quer continuar sendo uma cidade turística, tendo as famosas obras de arte para mostrar aos turistas, ou quer se consolidar como centro carnavalesco de Minas. As duas coisas juntas, no Brasil, não funcionam.

0 Denunciar

W. M. 4 anos atrás

Se você deu essa opinião prova o seu TOTAL desconhecimento da cidade de Ouro Preto, desconhece completamente o que seja arte, desconhece completamente o que seja PATRIMÔNIO. Esse ocorrido é um fato isolado, resolve-se com EDUCAÇÃO PATRIMONIAL, não arrancando os costumes da cidade. Brasileiro tem a terrível mania de tentar resolver os problemas com repressão, enquanto na verdade a melhor medida seria a EDUCAÇÃO. Se nós, moradores e naturais (dispenso generalizações), da região, damos total apoio às tradições locais, não é você que vai sair de onde Judas perdeu as botas para cometer o crime de violar os nossos costumes.

0 Denunciar

R. M. 4 anos atrás

H.C., sou de Mariana – MG (que também possui um carnaval tradicional) moro e trabalho em Ouro Preto. Existem duas coisas importantes que chamamos de: patrimônio material e patrimônio imaterial, o Museu da Inconfidência Mineira é um patrimônio material, assim como o carnaval e outras festividades em Ouro Preto e nas demais cidades históricas mineiras compõem o patrimônio imaterial. O carnaval de Ouro Preto é centenário, criou uma tradição montada pelas personalidades da cidade (essas personalidades são todos os moradores que contribuíram para o carnaval, sejam ricos ou pobres), isso faz parte da nossa identidade. Podemos conciliar uma cidade turística, não como o "centro carnavalesco" que você insinuou, mas uma cidade que preserva os seus costumes. As famosas obras de arte que você cita não são apenas as construções, elas vão além disso; faz-se presente na música, na culinária, na dança, nas FESTAS religiosas ou não.

0 Denunciar

A. 4 anos atrás

Concordo. Carnaval não combina com a bela Ouro Preto.

0 Denunciar

Disponível em: <http://noticias.uol.com.br/cotidiano/ultimas-noticias/2012/03/02/turistas-sao-indiciados-apos-dano-a-cruz-historica-durante-carnaval-em-ouro-preto-mg.htm>.
Acesso em: 6 jan. 2016.

O que você pensa disso? O Carnaval não é propriamente considerado um bem imaterial. Registrados como bens imateriais são as "Matrizes do Samba no Rio de Janeiro: Partido Alto, Samba de Terreiro e Samba-Enredo", ou seja, as origens e fontes desses tipos de samba. Leia a explicação.

Matrizes do Samba no Rio de Janeiro: Partido Alto, Samba de Terreiro e Samba-Enredo

Descrição

[...]

O samba de partido alto, o samba de terreiro e o samba-enredo são expressões cultivadas há mais de 90 anos [...]. Não são simplesmente gêneros musicais, mas formas de expressão, modos de socialização e referenciais de pertencimento. São também referências culturais relevantes no panorama da música produzida no Brasil. Constituído a partir dessas matrizes, em suas muitas variantes, o samba carioca é uma expressão da riqueza cultural do país e em especial de seu legado africano, constituindo-se em um símbolo de brasilidade em todo o mundo.

Disponível em: <http://portal.iphan.gov.br/bcrE/pages/folBemCulturalRegistradoE.jsf>.
Acesso em: 21 mar. 2016.

- Tem razão o internauta que defende a realização do Carnaval como um bem imaterial? Porquê?

_____
_____
_____
_____

4. Escreva um texto, apresentando argumentos para justificar sua posição sobre o incidente ocorrido na cidade de Ouro Preto que é tombada pelo Iphan (Instituto do Patrimônio Histórico e Artístico Nacional). Você acredita que é possível conciliar a atividade turística da cidade com a preservação das tradições e do patrimônio histórico? Se for preciso, pesquise na internet notícias ou informações que possam servir de argumento para a exposição de seu ponto de vista. Se tiver oportunidade, poste-o em sua rede social.

_____
_____
_____
_____
_____
_____
_____

UNIDADE 7

De olho no cotidiano

Reveja a jornada

Nesta unidade, você refletiu sobre as propriedades do predicado verbal e sobre o uso e a função dos complementos verbais na construção de orações. Retome, no livro, os conceitos de verbos transitivos e intransitivos, e realize as atividades a seguir.

1. Observe os verbos destacados nestes títulos de matérias. Indique se se trata de um verbo transitivo direto, transitivo indireto ou intransitivo de acordo com o contexto.

a)
> E se o homem mais rico do mundo **doasse** tudo?

b)
> 30 músicas para **percorrer** a história do samba

c)
> E se **viesse** uma nova era do gelo?

d)
> Vídeo: Personagens de Divertida Mente **assistem** ao trailler de *Star Wars: O despertar da força.*

Disponível em: <http://super.abril.com.br/cultura>. Acesso em: 7 jan. 2016.

63

2. Leia esta matéria publicada em uma revista inicialmente sem as palavras que foram retiradas.

Como os anos eram contados antes de Cristo?

Os primeiros agricultores já conheciam _____ e calculavam _____ entre um verão e outro. Para estabelecer um início de contagem, cada civilização deu seu _____. Egípcios estabeleceram o marco por volta de 3000 a.C. Para os gregos, era o ano das primeiras Olimpíadas (por volta de 2500 a.C.). Para os romanos, a fundação de Roma (753 a.C.). Já a padronização cristã surgiu muito depois de Cristo, em 525, quando o papa João I resolveu instituir um mesmo calendário para a _____ ao redor do mundo.

Revista *Mundo estranho*. Disponível em: <http://mundoestranho.abril.com.br/materia/como-os-anos-eram-contados-antes-de-cristo>. Acesso em: 24 fev. 2016.

---

a) Foi possível entender o sentido da matéria sem algumas das palavras e expressões?
_____

b) Complete o texto, utilizando as palavras e expressões do quadro.

> as estações – jeito – Igreja – tempo

c) Quais palavras ou expressões completam o sentido dos verbos **conhecer**, **calcular**, **dar** e **instituir**, que pede dois complementos?
_____

3. Observe os títulos destes filmes.

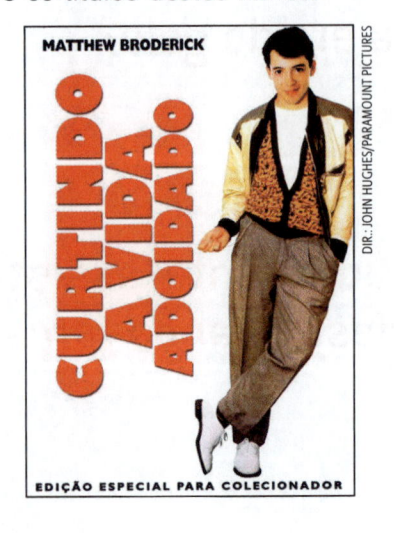

a) Que verbos aparecem nos títulos?

_____

b) Algum desses verbos precisa de complemento para ter seu sentido compreendido pelo leitor?

_____

c) Dos verbos que precisam de complementos, quais são eles?

_____

4. Leia o texto e observe as formas verbais destacadas.

Brincando com os Panará

Você já ouviu falar de *piĩjãsêri*? Essa é a palavra usada pelo povo Panará, que vive entre o Mato Grosso e o Pará, para falar sobre brincar.

Essa palavra pode se referir às brincadeiras do dia a dia das crianças, mas também a festas e cerimônias que envolvem também os jovens e adultos – e são ensinadas a todos pelos mais velhos.

Povos indígenas no Brasil – mirim. Disponível em: <http://pibmirim.socioambiental.org/node/14293>.
Acesso em: 7 jan. 2016.

a) O uso de diferentes preposições pode modificar o sentido de um verbo. Localize um verbo no trecho em que essa ocorrência seja possível e explique as diferenças de uso.

_____

b) A transitividade do verbo **brincar** foi explorada de duas maneiras. Localize esses usos e explique a diferença de sentido entre eles.

_____

_____

c) Localize dois verbos transitivos que exigem a presença de complementos e transcreva-os com seus complementos.

_____

5. Quando pronomes funcionam como objeto direto ou indireto, contribuem para estabelecer a coesão textual. Leia a tira.

Disponível em: <http://blog.clickgratis.com.br/SOTIRINHAS/366344/recruta-zero.html>. Acesso em: 24 fev. 2016.

a) No primeiro balão de fala, quais são os pronomes ou combinações que contribuem para a coesão textual e a quem se referem?

_____

b) O verbo **responder** aparece sem complemento. Qual o sentido desse verbo, quando usado intransitivamente, ou seja, sem preposição? Se necessário, consulte um dicionário.

_____

c) No último balão, ao usar o pronome **meus**, o personagem dá a entender que, ao ir ao psicólogo, iria falar de seus próprios problemas. De que modo essa fala contribui para criar humor na tira?

_____

6. Leia este trecho narrativo e observe os pronomes destacados.

> Gaetaninho ia berrar mas a tia Filomena com a mania de cantar o "Ahi, Mari!" todas as manhãs o acordou. Primeiro ficou desapontado. Depois quase chorou de ódio. Tia Filomena teve um ataque de nervos quando soube do sonho de Gaetaninho. Tão forte que **ele** sentiu remorsos. E para sossego da família alarmada com o agouro tratou logo de substituir a tia por outra pessoa numa nova versão de seu sonho. Matutou, matutou, e escolheu o acendedor da Companhia de Gás, Seu Rubino, que uma vez **lhe** deu um cocre danado de doído.
>
> Alcântara Machado. *Novelas Paulistanas*. Rio de Janeiro: José Olympio, 1979.

cocre: pancada na cabeça dada com os nós dos dedos.

a) A quem se referem os pronomes destacados?
_____

b) Nesse contexto, os verbos **acordar** e **dar** exigem complementos. Quais são as palavras que têm essa função na oração em que esses verbos aparecem?
_____

c) Classifique esses complementos em objeto direto ou indireto conforme a transitividade verbal.
_____

7. Leia estes trechos e observe as expressões destacadas. Reescreva o trecho, substituindo as palavras repetidas por um pronome adequado.

a)
Geração da cópia
[...]

As primeiras marcas da história, deixadas por civilizações milenares, estão presentes em moedas e selos, na reprodução de objetos. Na China, é possível ver **as primeiras marcas da história** em esculturas e roupas, que chegam como reproduções desses símbolos. [...]

Disponível em: <http://revistagalileu.globo.com/Revista/Common/0,,EMI269880-17773,00-GERACAO+DA+COPIA.html>. Acesso em: 7 jan. 2016.

_____
_____

b)
Jovem astrônoma chilena descobre planeta três vezes maior que Júpiter
[...]

"**Os planetas** são muito fracos se comparados com as estrelas e é preciso utilizar métodos indiretos para encontrar **os planetas**", relatou.

Disponível em: <http://revistagalileu.globo.com/Ciencia/Espaco/noticia/2015/08/jovem-astronoma-chilena-descobre-planeta-tres-vezes-maior-que-jupiter.html>. Acesso em: 7 jan. 2016.

_____
_____

PARA LEMBRAR

- Preencha, a seguir, as definições que faltam no quadro conceitual sobre o predicado verbal e os complementos verbais.

Verbo

Pode ser classificado como **verbo transitivo** ou **verbo intransitivo** de acordo com o _____ que assume no contexto.

Verbo transitivo

Verbo significativo que precisa de um _____ para que seu sentido seja totalmente compreendido.

Complemento

Função que também pode ser exercida por pronomes pessoais do caso oblíquo.

Objeto direto

Complemento que se liga ao _____ sem preposição.

Objeto indireto

Complemento que se liga ao verbo transitivo por meio de uma _____.

Verbo transitivo direto e indireto

Liga-se a dois objetos sendo um _____ e um _____.

Verbo intransitivo

_____ de complemento para que seu _____ seja inteiramente compreendido.

Outro olhar

Nas Leituras 1 e 2 desta unidade, falamos do gênero crônica. Uma crônica sempre tem a intenção de registrar uma visão particular, individual, acerca de um fato do cotidiano, que é o ponto de partida para que se expressem sensações, lembranças, sentimentos, opiniões.

Não somente a crônica, porém, permite esse modo de expressar uma emoção ou opinião a respeito de uma cena, de um fato ou momento especial. Poemas também o permitem.

Leia o poema.

Barcos de papel

Quando a chuva cessava e um vento fino
franzia a tarde tímida e lavada,
eu saía a brincar pela calçada,
nos meus tempos felizes de menino.

Fazia, de papel, toda uma armada
e, estendendo o meu braço pequenino,
eu soltava os barquinhos, sem destino,
ao longo das sarjetas, na enxurrada...

Fiquei moço. E hoje sei, pensando neles,
que não são barcos de ouro os meus ideais:
são feitos de papel, são como aqueles,

perfeitamente, exatamente iguais...
— Que os meus barquinhos, lá se foram eles!
Foram-se embora e não voltaram mais!

Guilherme de Almeida. *Melhores poemas de Guilherme de Almeida* – organização Carlos Vogt. São Paulo: Global, 1993.

1. O poeta faz reflexões e apresenta uma visão pessoal a respeito dos barquinhos de papel. Ponha F (falso) ou V (verdadeiro) para cada afirmação.

a) (   ) Nas duas primeiras estrofes, a voz que se ouve é a do menino.

b) (   ) Na fase adulta, sua vida permaneceu feliz como nos tempos de menino.

c) (   ) Os barquinhos de papel traziam felicidade durante a infância.

d) (   ) Os barquinhos de papel, na fase adulta, simbolizam seus ideais.

2. As crônicas podem apresentar uma mistura de trechos narrativos, expositivos, opinativos. Indique um exemplo de versos narrativos do poema e um exemplo de versos opinativos.

_____
_____
_____

3. Compare as duas crônicas do livro com os versos do poema e assinale F (falso) ou V (verdadeiro).

a) (   ) Os três textos revelam uma visão particular, individual a respeito de um fato.

b) (   ) Apenas as crônicas trazem reflexão sobre o assunto de que falam.

c) (   ) A crônica "Piscina", do livro, e o poema contêm reflexões sobre um problema social.

d) (   ) O poema revela mais emoção e sentimentos do que as crônicas.

Leitura do mundo

Na seção Depois da Leitura, vimos as marcas destrutivas que o consumismo – consumo em excesso – pode deixar na natureza. Consumir aquilo que nos é necessário faz parte da vida de todos os seres humanos, mas é essencial para preservação do planeta a prática de um consumo responsável e sustentável. Como fazê-lo? Observe este pôster.

1. Como podemos praticar um consumo que valorize o durável mais que o descartável?

_____
_____
_____
_____
_____
_____
_____

2. O que significa:

a) valorizar o compartilhado mais que o individual?

_____
_____
_____
_____
_____
_____
_____

Disponível em: <http://www.akatu.org.br/Content/Akatu/Arquivos/file/10_caminhos_poster2.pdf>. Acesso em: 24 fev. 2016.

b) a suficiência e não o excesso?

_____
_____
_____

c) Você já teve ou tem a oportunidade de praticar essas possibilidades?

_____
_____

3. Como você entende a opção de valorizar a experiência e a emoção mais que o tangível? Dê exemplos.
_____
_____

4. Observe esta imagem. Com qual dos itens do pôster ela se relaciona? Explique sua escolha.
_____

Disponível em: <http://www.sacoeumsaco.gov.br/>. Acesso em: 24 fev. 2016.

5. No *site* que contém a imagem acima – http://www.sacoeumsaco.gov.br/ –, há um *quiz* que tem a finalidade de avaliar como o internauta pratica o descarte das sacolas plásticas. Veja a página que leva ao *quiz*.

Disponível em: <http://www.sacoeumsaco.gov.br/>. Acesso em: 24 fev. 2016.

a) Quando tiver oportunidade, responda ao *quiz* e veja sua pontuação.

b) Comente com o professor a que resultado você chegou e se precisa mudar ou melhorar algo em seu cotidiano em relação ao descarte de sacolas plásticas.

UNIDADE 8
Propaganda: informação e sedução

Reveja a jornada

Nesta unidade, você trabalhou o aposto e sua função não só em textos publicitários como também em outros de vários gêneros. Estudou também a função do vocativo.

Retome os conceitos de **aposto** e **vocativo**, no livro, e faça as atividades propostas.

1. Leia estes textos de um *site* de viagem e sublinhe os apostos.

I.
> Cenário exuberante do Mato Grosso, a Chapada dos Guimarães tem cachoeiras, grutas, cavernas, morros e formações rochosas. [...]

II.
> [...] Cachoeiras, cânions, lagos e muita vegetação encontram-se protegidos no Parque Nacional da Chapada dos Veadeiros, um dos principais destinos de aventura e natureza do Brasil.

III.
> Impressionante caverna na região de Bonito, a Gruta Azul tem numerosas estalactites e formações geológicas. [...]

IV.
> Maior planície de inundação contínua do mundo, o Pantanal tem 80% de seu território no Brasil, nos estados de Mato Grosso e Mato Grosso do Sul, e o resto distribuído entre Paraguai e Bolívia. [...]

Disponível em: <http://mulher.terra.com.br/100-paisagens-do-brasil>. Acesso em: 8 jan. 2016.

a) Quais são os apostos que revelam aspectos objetivos e não julgamento e opinião? Justifique sua resposta.
_____

b) Em alguns desses textos, o aposto foi antecipado, ou seja, vem antes do termo a que se refere. Em qual ou quais isso acontece e que efeito isso provoca?
_____
_____
_____

2. Leia mais este trecho narrativo.

> [...] No verde crestado da grama, uma ave branca — muito branca — estava de pé, imóvel e solitária como se fosse uma pintura. Seria uma garça ou uma siriema? Marissol não conhecia bem as aves, só sabia que aquela era lindíssima. Por isso, pensou em chamar os pais. Mas onde estariam eles? Não ouvia vozes dentro de casa...
>
> GANYMÉDES, José e NORONHA, Teresa. *O príncipe fantasma*. São Paulo: Atual, 1991, p. 11.

a) Localize o aposto. A que ele se refere?

b) Qual a função desse aposto na frase: fazer uma apreciação, explicar, informar ou descrever com mais exatidão?

c) De que forma é separado o aposto do restante da frase?

3. Vimos que o emprego do aposto em enunciados admite algumas diferentes possibilidades de pontuação. Leia o período a seguir e reeescreva-o de dois outros modos, empregando diferentes sinais de pontuação para isolar o aposto do restante dos termos.

> O sabiá-laranjeira, também conhecido como sabiá-amarelo ou de-peito-roxo, é ave-símbolo do Brasil desde 2002.
>
> Disponível em: <http://g1.globo.com/sp/campinas-regiao/terra-da-gente/fauna/noticia/2015/06/sabia-e-companheiro-do-brasileiro-do-campo-e-das-grandes-cidades.html>. Acesso em: 8 jan. 2016.

4. Leia a tira.

BROWNE, Dik. Hagar, o horrível. In: *Folha de S.Paulo*, 31 de nov. 2003 (CEDOC).

a) Quais são os vocativos presentes na tira? _____

b) Ao se dirigir a Hamlet, de que pronome Hérnia faz uso? Esse pronome é usado para tratamento da 2ª ou 3ª pessoa?
_____

c) Esse pronome é dirigido à pessoa com quem se fala ou de quem se fala?
_____

5. Observe a tira:

Laerte em quadrinhos. *Striptiras*, nº 3, L&PM Pocket, p. 17.

- Analise as duas falas da personagem. Considerando o vocativo *Seu síndico,* nos dois momentos de fala, o uso revela intenção igual ou diferente por parte da personagem? Por quê?
_____
_____

PARA LEMBRAR

- Preencha, a seguir, as definições que faltam no quadro conceitual sobre o aposto e o vocativo.

Aposto

É o termo que contém uma _____ a respeito de outro termo da oração.

Acrescenta uma _____ ou expressa uma _____ a respeito dele.

Pontuação do aposto

Geralmente aparece isolado do restante da oração por: _____ , _____ , _____ ou _____ .

Exemplo:
_____
_____

Vocativo

É usado para _____ ou evidenciar a pessoa com quem se fala (_____ pessoa do discurso).

Pode ou não ser precedido de _____ como **ó** ou **ei**.

Pontuação do vocativo

É separado, na escrita, do restante da oração por _____ .

Exemplo:
_____
_____

Outro olhar

Nesta unidade, ao estudar um anúncio, vimos que as propagandas se utilizam de estratégias para seduzir e persuadir o consumidor a adquirir um produto ou serviço. O que nos leva a consumir um produto? Muitas vezes, é uma necessidade real. Outras vezes, cedemos ao consumismo e compramos porque o produto é bonito ou porque outras pessoas o usam, e passamos a desejá-lo. E nisso reside a diferença entre consumo, a quantidade que se utiliza para algo, e consumismo, desejo ou tendência de consumir ou adquirir bens, em geral, além de sua efetiva necessidade.

1. Leia este anúncio.

Disponível em: <http://indicadordeofertas.com.br/cupom/art-som-home-theater-rj/>.
Acesso em: 24 fev. 2016.

home theater: Sistema composto de tela de projeção ou televisor de alta resolução, que busca criar em ambiente doméstico uma sala de cinema.

a) Qual o produto oferecido?
_____
_____

b) De que maneira o autor do anúncio se dirige ao consumidor?
_____
_____

c) Trata-se de um produto de primeira necessidade para um consumidor? Por quê?
_____
_____

2. Leia e observe agora esta charge.

[Charge de Laerte: uma família assiste a uma TV enorme em meio a um cenário de rua/favela. No balão: "...TIVEMOS QUE VENDER A HOME MAS TEMOS UM HOME THEATER!!"]

Laerte. Disponível em: <http://www2.uol.com.br/laerte/tiras/index-hugo.html>.
Acesso em: 15 dez. 2015.

Vocabulário
A expressão *home theater* é composta das palavras *home* (= casa) e *theater* (= teatro).

a) A charge retrata uma família que assiste a um programa em uma enorme TV: onde estão morando essas pessoas?

b) Qual a ligação da charge com o anúncio?

c) Toda charge encerra uma crítica ou ironia. O que esta charge critica ou ironiza em relação ao comportamento das pessoas?

3. Em sua opinião, qual deve ser a postura de um consumidor diante da propaganda de um produto?

4. Ao se decidir pela compra de um produto novo, por vezes conhecido por meio de anúncios vistos na TV ou em revistas e jornais, o que um consumidor deve fazer em primeiro lugar?

5. Se não houvesse propaganda, como as pessoas fariam para comprar aquilo que querem ou de que precisam? Nesse caso, a propaganda faria ou não faria falta em nossa vida?

Leitura do mundo

O avanço da comunicação por meio de dispositivos sem fio tem transformado as relações interpessoais e também a forma como é feita a publicidade de seus produtos.

Atualmente, nas redes sociais e provedores de internet, é muito grande a presença da propaganda digital, seja por meio de *banners* que surgem na página *on-line* dos provedores ao lado das mensagens de *e-mail*, seja nas propagandas "disfarçadas" que povoam *sites* de relacionamento. Isso sem falar na invasão maciça de *spams*, mensagens e anúncios indesejados.

1. Identifique os tipos mais conhecidos de anúncio digital, relacionando as duas colunas.

a) anúncio flutuante	( ) geralmente aparece nos cantos das páginas da internet.
b) *banner*	( ) janela que se abre ao se entrar em uma página.
c) *link* patrocinado	( ) encobre a página até que seja fechado pelo internauta.
d) *pop-up*	( ) é semelhante ao anúncio de uma página da rede social *Facebook*.

2. Observe esta página de um provedor.

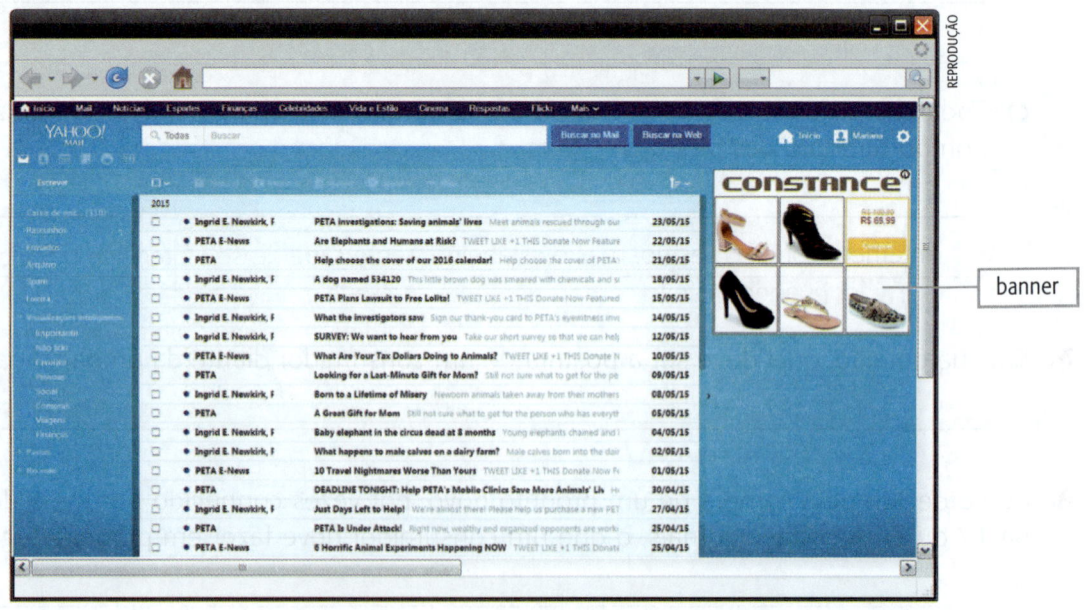

Disponível em: <http://www.sacoeumsaco.gov.br/>. Acesso em: 24 fev. 2016.

a) Os *banners* têm como função atrair a atenção do usuário e levá-lo a clicar no *link* que o levará a um *site* de compras. Você acha que *banners* tiram a atenção do usuário? Por quê?

b) Em sua opinião, anúncios indesejados como os *banners* ou os *pop-ups* em uma página pessoal são invasão de privacidade? Explique sua resposta.

3. Outra forma de propaganda, usando mídias de comunicação, são as enviadas por SMS ou por chamada telefônica. O que você pensa delas? São úteis ou invasão de privacidade já que o telefone é de uso particular e individual?

_____
_____
_____

4. Leia este trecho de um texto que fala da publicidade digital.

> **Propagandas "perseguem" você na web?**
> **Saiba como esses anúncios funcionam**
>
> Guilherme Tagiaroli
>
> As propagandas que aparecem na "sua" internet muitas vezes não estão ali por acaso: elas têm ligação com alguma pesquisa ou acesso feito anteriormente. Esse tipo de publicidade, chamado "*remarketing*", promete mostrar apenas anúncios que realmente interessam àquele usuário específico – uma sandália para quem procurou calçados ou ração só para quem tem bicho, por exemplo. No entanto, esse formato pode ter o efeito contrário e causar no internauta uma espécie de "síndrome de perseguição". [...]
>
> O conhecimento do interesse dos internautas é feito com o uso dos chamados *cookies*. Trata-se de arquivos de texto que os *sites* depositam em cada máquina, indicando que aquele usuário já acessou determinada página.
>
> "Quando você quer comprar algo no mundo real, você vai até uma loja física. Com a internet ocorre o mesmo, mas o estabelecimento sabe de seu interesse e fica atrás do consumidor quando ele não compra. Isso fará com que a propaganda desse produto específico apareça, para que o internauta não se esqueça dele", explicou Caio César Oliveira, coordenador do curso de produção multimídia da PUC-MG (Pontifícia Universidade Católica).
>
> O lado positivo desse monitoramento é ter promoções personalizadas. Ao saber, por exemplo, que determinada pessoa quase comprou uma passagem aérea para Miami, um *site* de viagens poderá oferecer descontos para esse destino, pois sabe que houve interesse prévio.
>
> Disponível em: <http://tecnologia.uol.com.br/noticias/redacao/2014/07/18/propagandas-perseguem-voce-na-web-saiba-como-esses-anuncios-funcionam.htm#fotoNav=14>.
> Acesso em: 8 jan. 2016.

a) Como se sentem algumas pessoas ao se verem assediadas por *banners*, *pop-ups* e anúncios flutuantes?

_____
_____

b) Para o autor, qual é a diferença entre comprar algo no mundo real e comprar pela internet?
_____
_____

c) Para o autor, entretanto, há um lado positivo nesse monitoramento. Você concorda com ele?
_____
_____
_____

5. Leia esta notícia.

Governo lança ferramenta *on-line* para consumidor reclamar de empresas

O governo federal, por meio do Ministério da Justiça, lançou [...] um *site* para os consumidores registrarem reclamações virtualmente. As empresas terão um prazo de dez dias corridos para responder às queixas.

O *site* é o www.consumidor.gov.br. O serviço, gratuito, está disponível inicialmente para consumidores dos seguintes Estados: Acre, Amazonas, Espírito Santo, Maranhão, Mato Grosso, Mato Grosso do Sul, Minas Gerais, Paraná, Pernambuco, Rio de Janeiro e São Paulo, além do Distrito Federal. [...]

Disponível em: <http://economia.uol.com.br/noticias/redacao/2014/06/27/governo-lanca-ferramenta-online-para-consumidor-reclamar-de-empresas.htm>.
Acesso em: 08 jan. 2016.

- Você, ou alguém de sua família, comprou algo de que não tinha necessidade, apenas motivado por um anúncio indesejado na internet, deixando-se seduzir por uma propaganda atrativa? Imagine que, ao recebê-lo, percebeu que não cumpria o que prometia ou apresentava algum tipo de defeito. Sabendo que, por lei, há um prazo de sete dias para a devolução do produto se o consumidor se arrepender da compra ou constatar algum problema, você resolve devolvê-lo e pedir seu dinheiro de volta. Como seriam os passos para isso?

a) Em primeiro lugar, entre em contato com a empresa.

b) Se não ficar resolvido o assunto, você pode entrar no *site* www.consumidor.gov.br e postar sua solicitação.

c) Escreva-a, explicando o problema e apresentando argumentos convincentes para justificar seu pedido.

_____
_____
_____